考古学家带你看中国

我们的文明古老到多久

天文考古大揭秘

中国社会科学院学部委员
一级教授、天文考古学奠基人

冯时 著

·北京·

目 录

从文字和星星看我们的文明 ／ 2

从天象到文字，从天文到人文 ／ 14

我们真的懂得"文化"两个字的意义吗？ ／ 18

天文学是中国文化的源 ／ 20

考古遗存中的天象图 ／ 24

古人是怎么观象授时的？ ／ 32

先民眼中的宇宙与四时 ／ 42

西水坡遗存给我们的启示 ／ 54

【给孩子的话】 ／ 57

【考古学家小传】 ／ 59

"中国考古学之父"李济先生曾经讲过一句名言:"健全的民族意识,必须建立在真实可靠的历史之上。"如果我们不了解自己的过往,不懂得自己的历史,我们这个民族就不可能真正站立起来,也不可能正确地面对未来。

那么,我们靠什么来重建真实可靠的历史呢?

这当然只能由真实的史料来书写,而考古学的材料,正是古人留弃的、最真实的史料。所以,通过考古学来重建信史,就成为非常重要的工作。

中华文明历史悠久,中国文化博大精深,想要学习,非得探本溯源不可——天文学就是这个源。只有源头清楚了,我们才能对中国文化的流变是非具有辨别能力,否则面对各种观点时将会无所适从。

◀ 西安交通大学西汉墓星图(摹本)

从文字和星星看我们的文明

❓ 《尚书》是一本什么书？

《尚书》是"五经"（即《诗经》《尚书》《礼记》《周易》《春秋》）之一，是上古历史档案资料的汇编，也是探索研究上古文化风貌的重要典籍之一。

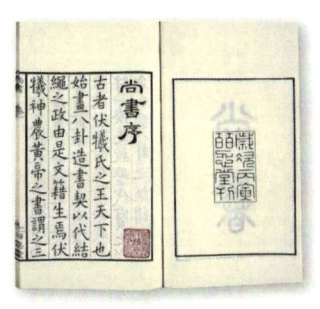

说到文明，你脑中立刻想到的是一个什么概念呢？是学校老师常说的"讲文明，懂礼貌"吗？其实"文明"这个词，在中国古代的典籍中很早就出现了，只是后来用它翻译了那个英文单词（civilization）。

那么，现在我们就来看看，中国古代先贤所说的"文明"究竟是什么意思。了解了这两个字，我们才可能真正懂得古人最关心什么。

"文明"一词，最早出现在先秦时代的《尚书》和《易传》里。

《尚书·舜典》说："濬（jùn）哲文明，温恭允塞。"这句话是在颂扬远古圣贤虞舜所具有的高尚品德。濬是深的意思，哲是智的意思，温和恭则是形容仪表和悦而且敬肃，允是诚信，塞是笃实。

从这些描述中我们可以清楚地知道，"文明"是指一种美好的德行。

《周易》是一本什么书？

易学知识的起源可以追溯到传说的伏羲时代。夏朝的《易》叫《连山》，商朝的《易》叫《归藏》。现在的《易经》为《周易》，因为这个版本是从周朝流传下来的。当时有专门负责研究《易经》和占卜的官员，被称为"太卜"。《周易》有六十四卦，每一卦都有一句卦辞；每一卦又有六爻（yáo），每一爻也有相应的爻辞。《周易》本身的内容不多，不过我们现在看到的版本，都是包含了《易传》的，所以通常是厚厚一本。《易传》是用来解释《周易》的，共有十篇，古人叫它"十翼"，意思是了解《周易》的羽翼，包括：《彖》上下、《象》上下、《系辞》上下、《文言》、《说卦》、《序卦》、《杂卦》。

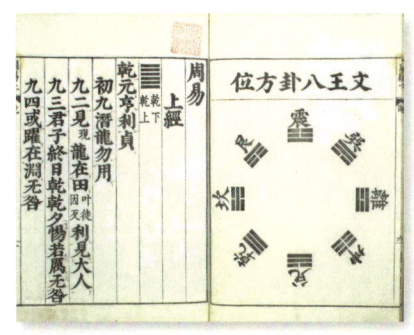

《周易》第一卦是乾卦，而乾卦第二爻的爻辞是"见龙在田"（这里的"见"读"现"，有"显现"之意）。乾卦的《文言》在解释"见龙在田"这个爻辞时说："见龙在田，天下文明。"

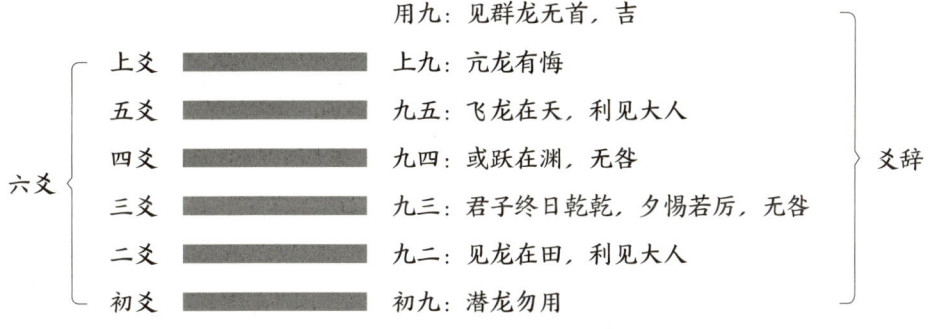

▲ 乾卦

"文明"这个词出现了。"见龙在田"怎么就"天下文明"了呢？

我们首先需要搞清楚，龙是什么。难道我们的祖先真的在田野中看到过那种盘绕在宫殿柱子上的龙吗？当然不是。《周易》中讲的龙，实际是天上的星象。为什么这么说？接下来，我们看一张星图，秘密就藏在这里。

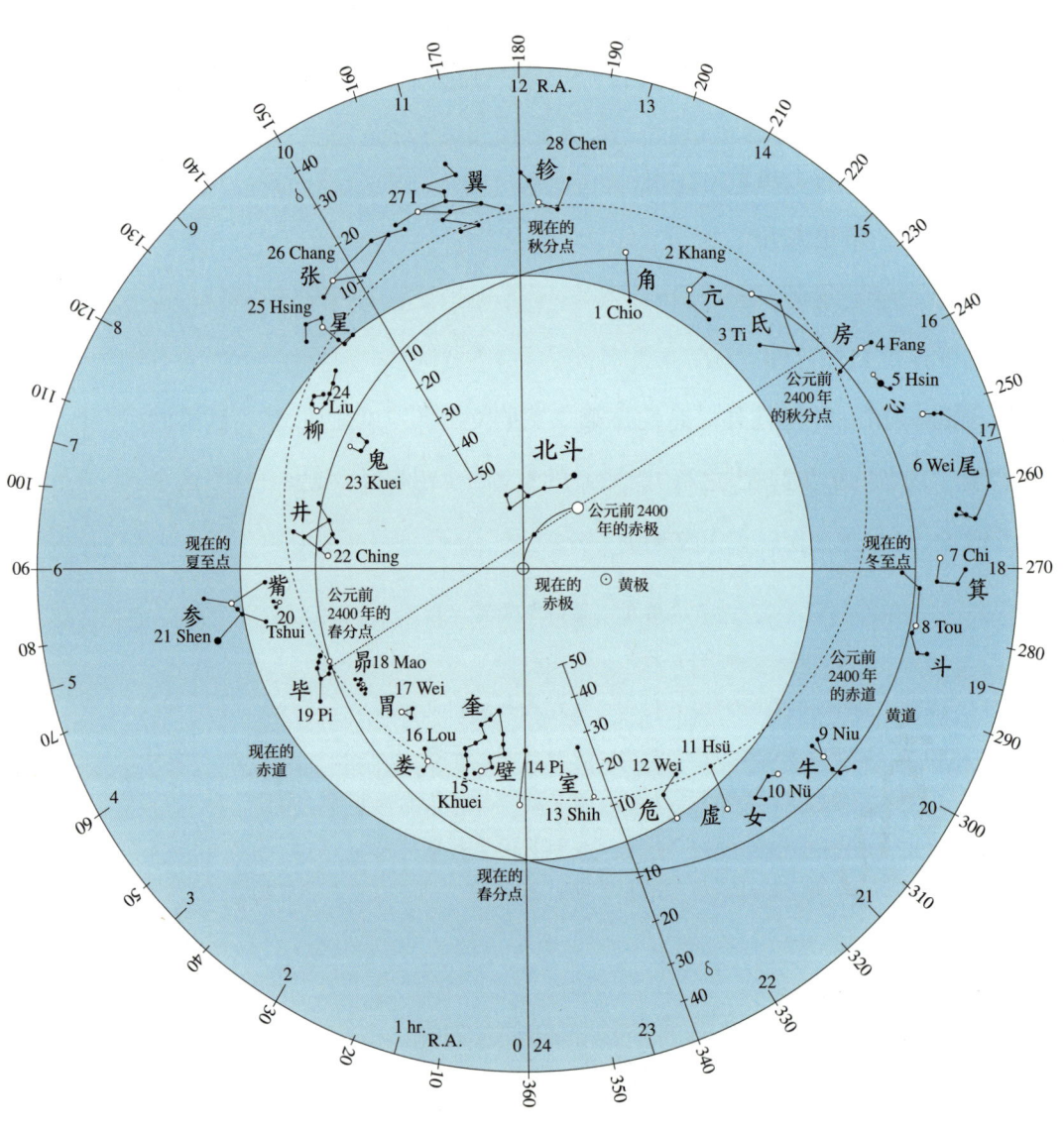

▲ 北斗二十八宿星图（圆圈表示距星）

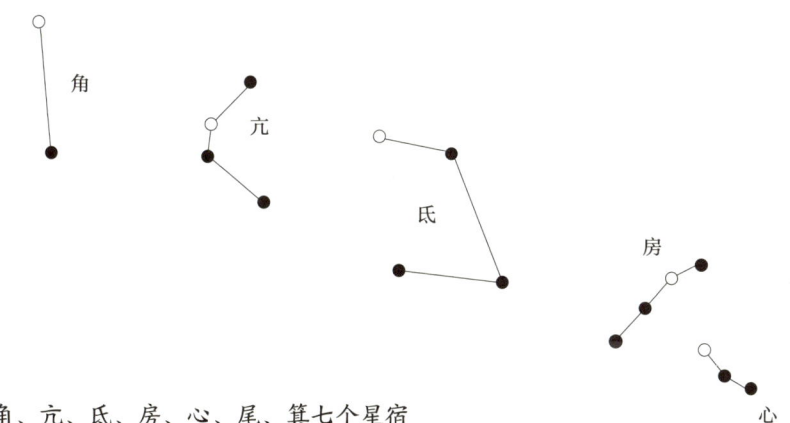

▶ 角、亢、氐、房、心、尾、箕七个星宿

这张星图的右上角有七个星宿（xiù）：角、亢、氐、房、心、尾、箕。角是龙角，亢是龙咽，氐是龙首，房是龙腹，心是龙心，尾是龙尾，这六个星宿构成了龙的主体，而箕宿可视为龙尾的自然延伸。商周时代的甲骨文、金文"龙"字即取形于此。如果将"龙"字与这组星宿相对照，我们可以清楚地看出，二者的形象完全相同。

甲骨文

金文

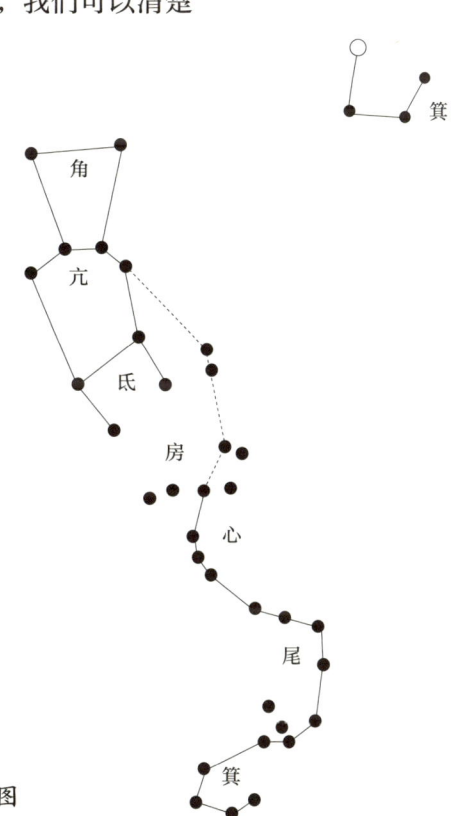

▲ 甲骨文、金文"龙"字与龙星比较图

5

那么,"见龙在田"是个什么天象呢?当黄昏来临时(也就是太阳没入了西方的地平线之后),龙角那两颗星从东方的地平线上升起,这就叫"见龙在田"。民间把这个天象称为"龙抬头",现在还有"二月二,龙抬头"的说法。对古人来说,龙星就像我们钟表盘上的指针一样,在天空中运行到不同的位置,就显示着不同的时间。

❓ 龙星与季节

四千年前的人们,每天都会在日落后观测龙星。他们渐渐发现,当秋分到来时,太阳西落以后,人们在天空中是找不到龙星的。因为龙星潜藏在了地平线以下,《周易》把这个天象叫作"潜龙"。

当立春到来,龙星的角宿于黄昏时冒地而出,这就是"见龙在田"。当春分来临之际,由六个星宿组成的、完整的大龙从地平线下一跃而出,尽现于东方天际,非常壮观,《周易》叫它"或跃在渊"。

当立夏到来,龙星的整体已行移到了南天正中的位置,《周易》叫它"飞龙在天"。当夏至已至,龙星继续西行,龙尾越过了南中天,《周易》叫它"亢龙","亢"就是超过的意思。

当立秋来临,太阳落山以后,龙角、龙头也和太阳一起沉没下去,在西方天际,人们只能看到龙身和龙尾,《周易》把这个天象叫作"见群龙无首"。而当秋分再次来临的时候,龙星又重新潜藏了起来。

龙星的运行变化年年如此,回环往复。人们通过这种天象的变化,了解了一年四季的时间规律,这就是观象授时。

对时间的了解，使古人领悟到了什么呢？

人们发现，虽然和时间从来没有约定，时间却如期而至，寒来暑往，春秋代序，这个规律永远都不会改变。这种现象一年两年不算什么，十年百年也不说明问题，但如果千年如此，那就一定会给先贤带来启发了，这就是信——诚信。

> 古人说'至信如时'，最大的信就是时间。观象授时，使得"信"成为中国传统道德观中最核心的内涵。以诚信这种道德来修养自身，这就是中国人所讲的文明。

唐代大学者孔颖达这样解释"天下文明"：

"天下文明者，阳气在田，始生万物，故天下有文章而光明也。"

这里的"文章"，不是我们今天理解的辞赋文章。"章"的意思同"彰"，"文章"就是文德彰显，《说文解字》中就出现过"文彰"。可见，"文明"两个字的核心，就在于"文"。

"文"这个字，如果我们去看商周时代的金文，会发现很有意思：它像一个人正面站立，然后特别画出了人的心脏。

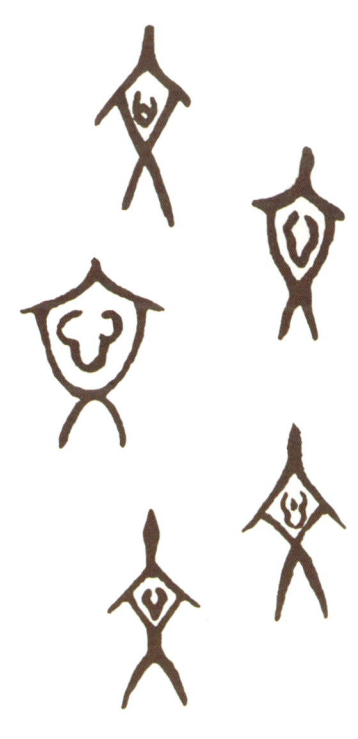

▲ 金文中"文"字的不同写法

公元前2000年黄昏时的标准天象

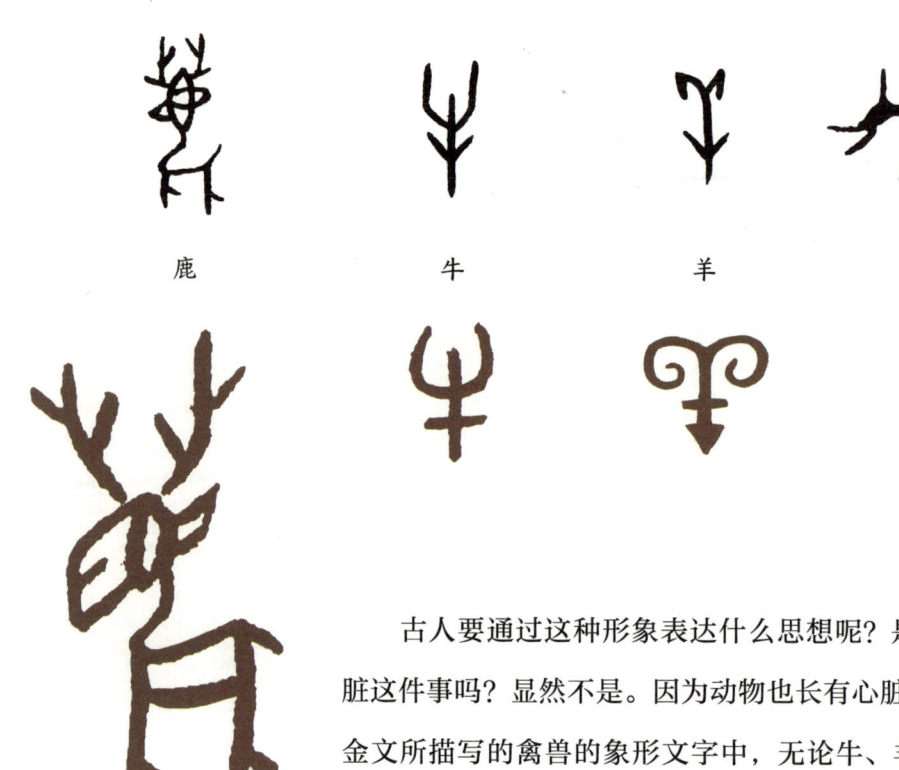

| 鹿 | 牛 | 羊 | 犬 |

古人要通过这种形象表达什么思想呢？是在强调人有心脏这件事吗？显然不是。因为动物也长有心脏，但在甲骨文、金文所描写的禽兽的象形文字中，无论牛、羊、犬、马，还是象、鹿、虎、豹，竟没有一例描写了心脏。

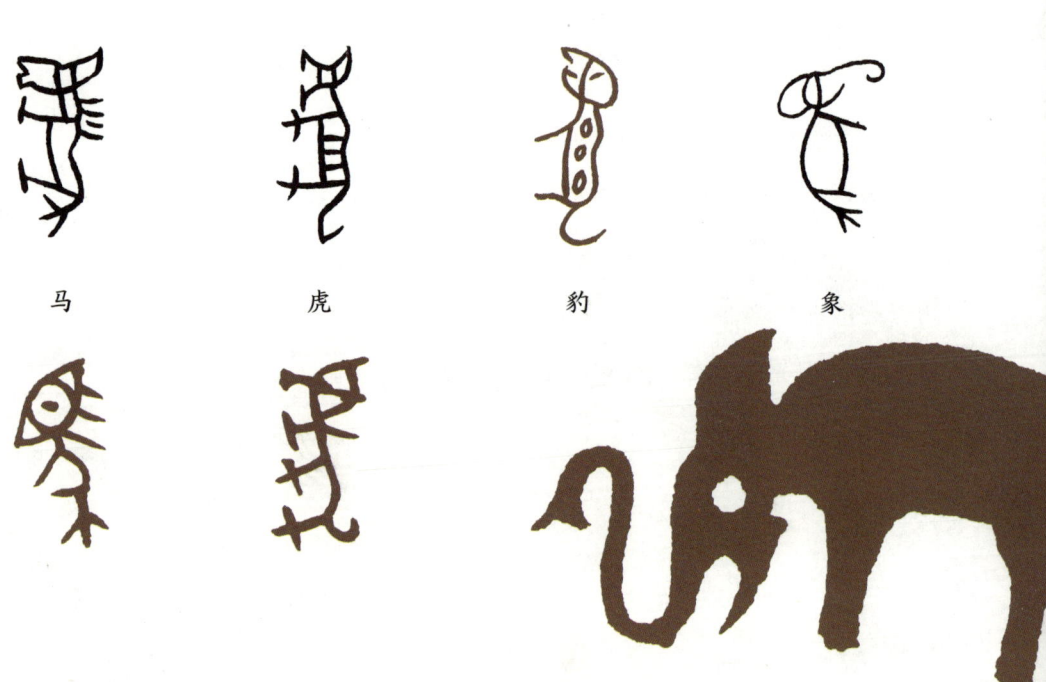

| 马 | 虎 | 豹 | 象 |

10

这就告诉我们,"文"字所突出的心,重点不在于说明人体的固有器官,而是强调对心的修养和道德的养成。这一点,在古人眼中就成了区分人与禽兽的关键。

虽然"德"字到西周才被先贤创造出来,但这并不意味着西周以前没有道德。之前的道德观,其实正是"文"。后人也把道德称为文德,体现的就是这个传统。我们看西周早期大盂鼎上的"德"字,上面是"徝"(zhí),下面是"心"。"徝"有端正、直行的意思,又有巡行天下而教化众民的意义,因此周人以"徝""心"会意,表达了正心修身的德养。

▲ 金文"德"字

到春秋时期,以孔子为代表的儒家出现了,他把上古直至西周的文明观继承下来,并且不断阐发,提倡人们要修养道德,修养内心,目的是要把人从禽兽中分离出来。孔子说:"质胜文则野,文胜质则史,文质彬彬,然后君子。"(《论语·雍也》)"文"和"质""野"是相对的,"质"是指人没有修德时的天然本质,而"野"则是不修道德的野蛮。人只有不断地修心养德,才能成就"文",成为君子。

一路发展下来,这种崇尚道德的思想,形成了中国文化的显著特点。

大约4000年前，大禹建立了夏王朝，禹的名字叫作"文命"，意思就是文德教命。后来，禹的儿子启改变了嬗(shàn)让的传统，形成了"家天下"的王朝，在位于今天山西襄汾的陶寺建立了夏王庭，名为"文邑"。到了商周时代，金文记载的夏代国氏为"文夏"，都突出了夏王朝崇尚文德的特点。比夏王朝时代更早的新石器时代其实早已形成了文德思想，湖北秭归柳林溪遗址出土了距今7000年的"文"字，反映的就是这种文德观念。这不仅是夏商周三代文德观念的思想之源，而且可以证明，中国古代先贤对文德观念的思考至少已经有了悠悠七千年的历史。

为什么是"嬗让"而不是"禅让"？

《说文·女部》："嬗，缓也。从女，亶声。一曰传也。"段玉裁在注解《说文解字》时，引用《孟子》中孔子的话：唐尧、虞舜让位给贤人，夏商周三代由子孙继位。（孔子曰：唐虞禅，夏后殷周继。）按照许慎的说法，禅位中的禅应该是嬗，禅并不是它的本意。据此可以清楚地了解，"嬗"是传代、更替之义。

什么是家天下？

"家天下"是指基于亲缘关系来传承君主之位，如父传子、兄传弟。这种政治模式又被称为"世袭制"。

文德与容貌

"文"是文德，而"文章"所表现的便是文德彰显。使修于内心的道德彰显于外，见之于容貌，显现出文质彬彬的君子之相，就是德容。人们常说"相由心生"，就是这个道理。人不修文德，就会面露野蛮；修德到至纯至厚，便会呈现出恭肃端庄。这种恭肃端庄之貌正是德容，也是威仪。

"容貌"两个字，本义就是指德容，而并不是指一个人或美或丑的自然相貌。"容"的本义是指器物的容量，而它的本字则写作"颂"(róng)，与"容"的读音相同，后来人们以"颂"为歌颂(sòng)，这是因为古人认为凡有德之人才会受到大家的歌颂。而"貌"的古字写作"皃"（"貌"字的右半边），所以"容貌"本来应该写作"颂皃"。"颂"与"皃"字的本义都是颂仪，也就是大德者所呈现的威仪。由此我们知道，容貌的意思就是德容，是内心修德的外在表现。《诗经》中体现最高道德的诗篇名为《颂》，体现的也是以外在的威仪见内心道德的传统思想。

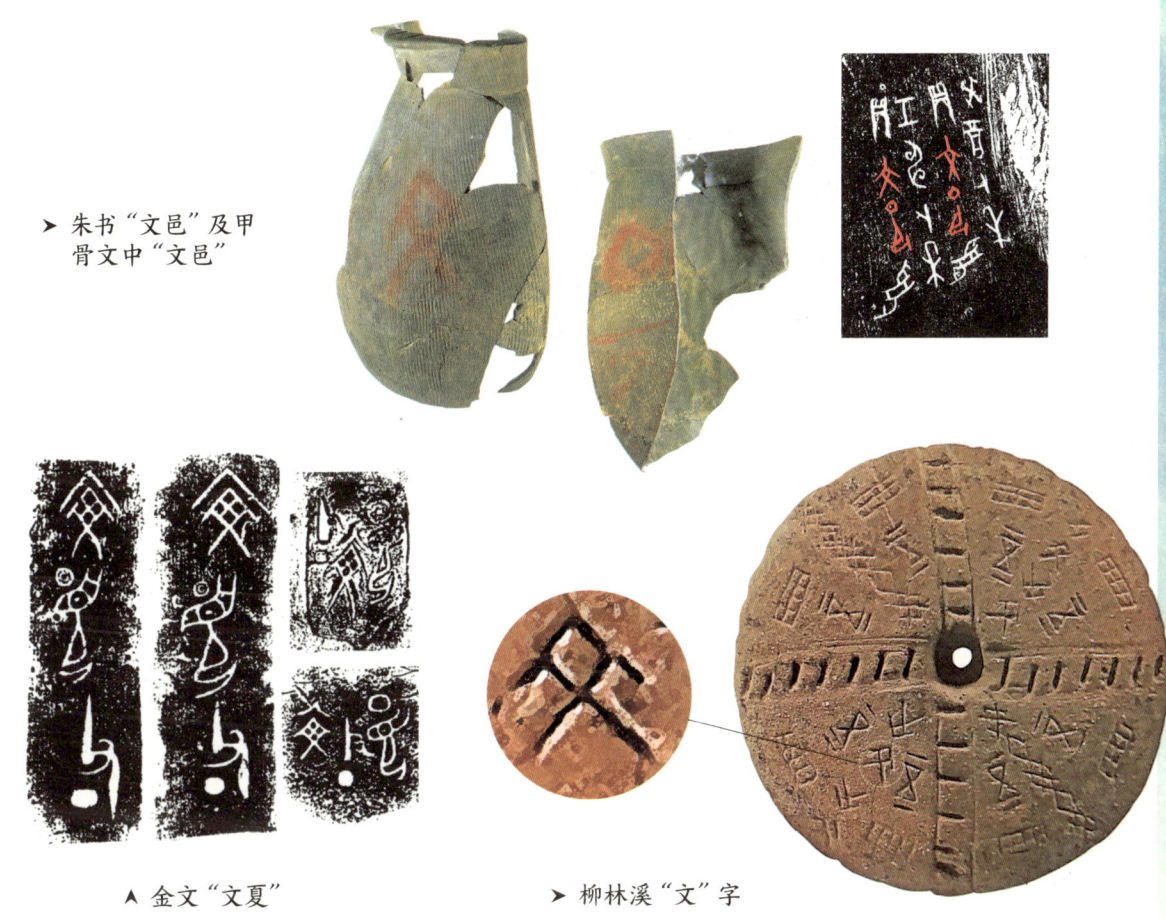

▷ 朱书"文邑"及甲骨文中"文邑"

▲ 金文"文夏"　　▷ 柳林溪"文"字

　　那么,文德修养到什么程度才能使德容彰显外见呢?

　　中国古代先贤创造出一个字,对此作了归纳,这就是"彧"(yù),"彧"字简化则写作"或",假借又可作"郁"。我们想想看,文德如果只修养了一点,当然从外表是看不出来的;只有德行修养到至纯至厚,才能通过容貌显现出来,而"彧"的意思就是文德醇厚。这个道理其实非常浅显,就像一个人只读了一两本书,我们能从他的脸上看到书卷气吗?肯定不能。但当一个人学富五车,我们便自然会感受到他"腹有诗书气自华",这种醇厚就是"彧"。所以,修养文德而达到彧的程度,德容就会彰见于外了。

　　孔子说:"周监于二代,郁郁乎文哉,吾从周。"(《论语·八佾》)"郁郁乎文"也就是"彧彧乎文",修德至彧而使文德彰显,这就是"文章",也就是"文明"。

从天象到文字，
从天文到人文

《易传》中的"见龙在田，天下文明"，已经非常明确地告诉我们，文明来源于天文，来源于观象授时。同时，《易传》里还有一句话也很重要，这句话是用来解释《周易》贲（bì）卦的，原文是：

"刚柔交错，天文也。文明以止，人文也。观乎天文，以察时变。观乎人文，以化成天下。"

"刚柔交错"的"刚柔"让我们想到了什么？阴阳。为什么古人用阴阳交错来描述天文呢？我们知道，星星在天上并不是不动的，斗转星移，回天运行，每时每刻位置都在变化，有时东升，有时西落，有时横亘于南方中天，有时又沉潜于地平线以下。古人认为，这些方位的变化也就显示着阴阳的变化。比如东方，如果我们用阴阳的观念看待它，就应该是阳位，因为那是太阳升起的地方；而西方也就自然属于阴了，因为那是太阳落下去的地方。那么，星星运行到东方的时候也就属阳，也就是刚，而运行到西方当然属阴，也就是柔，这就是所谓的"刚柔交错"，这就是天文的特点。

那么，什么叫"天文"呢？

"天文"的意思其实就是天象，简单地说就是天上的图像。这里的"文"是"纹"字的古字，有纹样、图案的意思。古人为什么把星象叫作"天文"？这实际和古人观星的方法密切相关。古人观星和我们不同，今天的人们只喜欢注意少数几颗亮星，而古人则更多关注若干星星组成了什么图像，然后对这个图像予以命名。

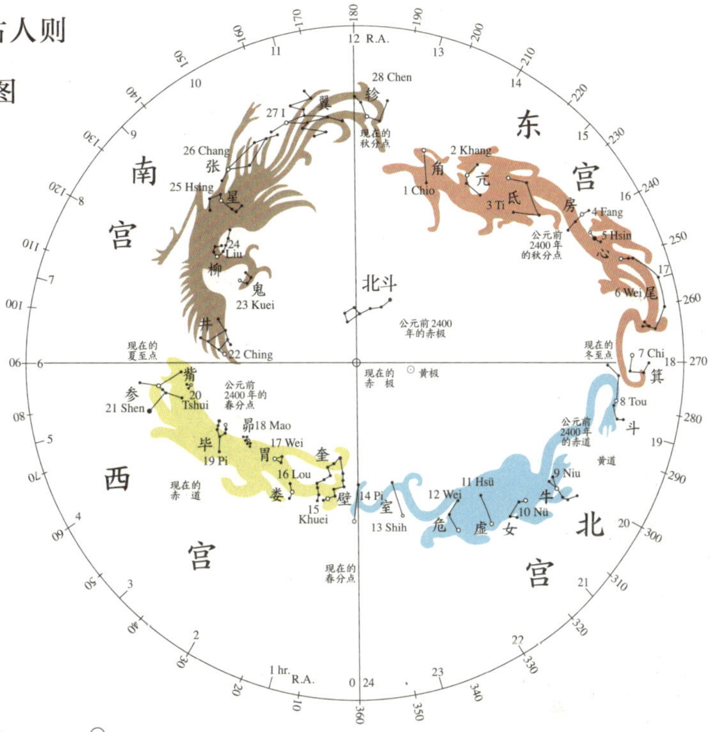

▲ 四宫星图

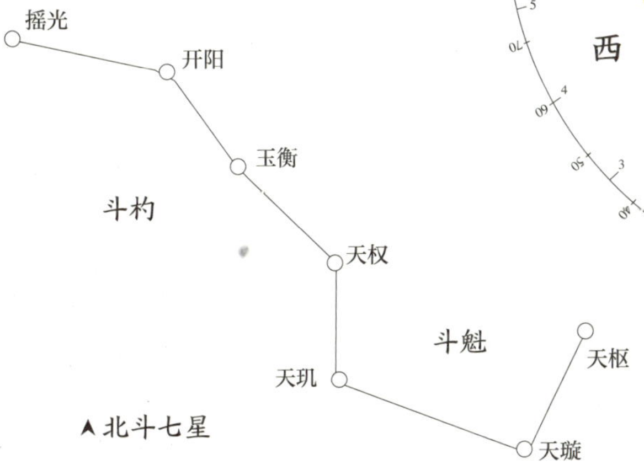

▲ 北斗七星

▲ 挹酒器斗（勺）

比如，我们都很熟悉的北斗星，是由七颗星组成了一个勺子的形象，于是，古人以"斗"来为它命名。前面我们所说的龙星也是这样，它是天空所有星象中体型最为巨大的天象，所以古人以"龙"来命名它，"龙"的意义就是巨大、隆盛。当然，天上的星象很多，它们都是古人观测的对象，于是古人就把天象称为"天文"。

春分·或跃在渊

绿松石龙与苍龙星宿跃地而出

河南偃师的二里头遗址,有一条前所未见的绿松石龙,完美契合了龙星跃地而出的形象。

龙头上尾下,作升腾状,龙下还有一横垂直龙身,象征着地平线,正是"春分而登天"的生动写照。

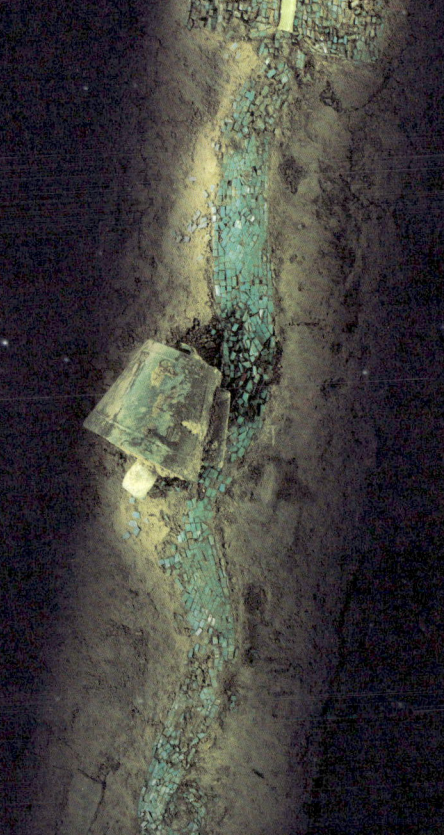

▶ 绿松石龙图

接下来的一句"文明以止，人文也"，非常重要。什么叫"文明以止"？是说文明停止了就好吗？不是。"止"所强调的，是相对于天文之变的一种不变，是一种传承。现代人的文明观和古人不同，我们希望社会的发展日新月异，越快越好，而古人的理念则是"文明以止"，这样才能形成人文传统。那么，我们究竟该如何理解这句话呢？

今天我们无论创造物质文明还是精神文明，相对于古人，尤其是数千年前的先民而言，会相对容易得多。当今社会信息发达，人们获取信息的渠道多种多样，加上生产力水平日益提高，这一切都为新的创造和发明准备了条件。

然而在数千年前，甚至更早，情况却完全不同，人们需要通过长期对大自然的观察分析才能获得一点点知识，这个获取知识的过程可能需要几代、十几代，甚至几十代人的努力才可能完成。对于这些来之不易的知识，人们会希望它马上改变吗？显然不会——人们将这些知识完整地传承下去。这种对于知识与思想的不变传承，才会形成传统，而这种由不变的传承所形成的传统，古人就称其为"人文"，这就是"文明以止"的意思。

> '刚柔交错'是在谈天文之变，而'文明以止'则在谈人文之不变。'观乎天文，以察时变。观乎人文，以化成天下'，是在阐释变化的天文与不变的人文各自的作用。
>
> 古人观测天文的目的是什么？是通过变化的星象决定时间。而学习人文又有怎样的意义？以深厚的思想与知识传统化民成俗。'化成天下'的'化'就是教化，也就是文化。

我们真的懂得"文化"两个字的意义吗?

▲ 甲骨文"化"字

▲ 金文"大"字

▲ 金文"屰"字

前面我们讲过了,"文"指文德,甲骨文和金文已经展现了其修养内心的内涵。而"化"字的甲骨文字形也很有意思,它像两个人,一个人头向上正立,而另一个人却头向下倒置。古人到底想表现什么意义?

我们知道,中国古人具有这样一种特有的传统:以人的正反形象表现是非。如果我们把一个人正面站立的姿态描绘下来,那就是汉字的"大"字,所以"大"是表现一个人正立。然而若将"大"字倒置过来,使人的头朝下,便又形成了另一个汉字,就是"屰",这是叛逆的"逆"的本字。有一个成语叫"大逆不道",在我国的古代社会,凡危害君父、颠覆国家等重罪都属于"大逆"。家中的孩子不求上进,我们会称其为"逆子";官员贪污腐败,我们会称其为"逆臣";官员弑君卖国,我们会称其为"逆贼"。总之,凡称为"逆"的,都是缺少道德的人。如果我们把"屰"字正过来,使人的头朝上,这就是"大"字了。"大"当然是好词。"大人"就是君子,我们形容君子都说"正人君子",这就是中国人借助人形的正反表现是非的方式。

了解了这个文化背景之后,再回过头来看甲骨文的"化"字,它所传达的意义就容易理解了。把头朝下的人变成正立的人,反映的正是以文德化育的成人之道,这就是文化。

> 文明的核心内涵是文德,文德的具体表现则是诚信。先贤基于对时间的观察和了解,悟出了时间为信的美德,并以信修身,形成了中国特有的道德体系。

中国古人所讲的文明、文化,并不是今天人们日常关心的吃什么、穿什么、用什么,而是如何做人的问题,是关乎心灵修养的问题,所以"文化"的意思就是文德教化。后来,儒家把这些思想继承了下来,让人们修养道德,目的仍然是把人从动物中分离出来。《礼记·曲礼上》说:"鹦鹉能言,不离飞鸟;猩猩能言,不离禽兽。今人而无礼,虽能言,不亦禽兽之心乎!"人不知礼,虽然会说话,又和禽兽有多少区别呢?所以,中国古代先哲定义的人,和今日人类学家眼中的人,标准是不一样的。人类学家认为,古猿直立,手脚分工,可以制造石器工具,脑容量达到了一定程度,这个生物体就可以称为人了。但在中国古代的先哲看来,这些都还不足以作为人的标准。如果不以文德修心,不懂礼仪,仍然是禽兽之心。这让我们看到,在中国文化中,做人标准是很高的,而且一直传承到今天。直到现在,人们在面对社会上各种不文明的人时,直觉地评价他们"不是人",文雅一点的说法是"衣冠禽兽"。因此,中国文化这种重德崇礼的传统,至今也没有改变。

天文学是中国文化的源

如果我们从人类历史发展的角度看，最早产生的古老科学有三种：第一种是天文学，第二种是数学，第三种是力学。

为什么这三种科学最早出现？原因很简单，它们都直接服务于人类自身的生产和生活。而且，目的都是同一个，服务于农业的生产。

农业的目的，是为人类提供有保障的食物来源。这意味着，农业一定是首先出现在四季变化分明的地区。四季分明，说明这里不是什么时候都能采到果子，也不是什么时候都能出去打猎。找不到食物怎么办？自己种。同样的道理，在四季变化分明的地区，并不是一年中什么时候都可以播种。真正适合播种的时间可能只有短短几天，错过了这个时间，收获就会很少，甚至颗粒无收。这个适合播种的时节，就是农时。

在数千年前还没有历法的时代，古人怎样去了解时间的变化呢？他们只有一个办法，就是到天上去寻找——通过观测星象的变化了解时间的变化。于是，天文学就发展起来了。

大而化之地观察天象，对解决农时问题的帮助显然不够。时间的精确化必须要求天象观测的精确化，这就需要进行计算。于是，又一个新的学科诞生了，这就是数学。在中国古代，天文学和数学是二位一体的，这正体现了天文学的精确化必须引入数学的事实。

人类发明了栽培这种生产方式，自然要从山洞中走出来，建立自己的房屋，过定居的生活。先民要使自己的房屋建得稳固，不会倒塌，那怎么办？他们就不能不研究力学结构。所以，力学的知识就发展起来了。

> **我们可以将天文学、数学、力学称为'古典科学'。它们的形成都源自农业，直接服务于先民的生产和生活。**

既然上古时代的人们需要通过对天象的观测解决时间问题，那么，接下来的问题是：谁来观象呢？谁来确定时间？是每个人都拥有这样的智慧吗？

当绝大多数的人们对天象的变化茫然无知的时候，圣人出现了。他通过自己的辛勤观测，发现某颗星运行到某个位置的时候，人们就可以放心地播种，而且最终获得了丰收。**这种通过观测天象而颁告时间的活动，就是观象授时。**前面我们谈到的《周易》乾卦所反映的龙星位置变化，体现的就是这个观象授时制度。

古代圣贤掌握着观象授时，这个工作如果年年准确不失，人们年年丰收，氏族因此而得以生存繁衍。久而久之，这位观象授时的圣贤也就在氏族中确立了其统治的地位，成了君主，这就是中国古代王权的基础。

可以这样说，对于以农业经济为本的社会而言，谁能把时间颁授给人民，谁就有资格成为人民的领袖。《论语·尧曰》记载了尧、舜、禹嬗让时说过的一句嘱托："天之历数在尔躬，允执其中。"这句话的意思是：天文历算要由统治者亲自掌握，不能假手于他人。这真切地反映了天文与王权的联系。正因为天文学直接关系到王权的建立，所以一直是被皇家垄断的神秘知识。直到周代，每年颁告来年历法的"告朔"活动，仍然必须由天子亲力亲为。而在漫长的古代社会，民间私习天文的活动始终都被禁止。

王权的合法性同样来源于正确的观象授时。如果统治者的授时工作每次都正确，人们听从尽力，便会年年获得好的收成，氏族也会因此而得到发展，那么在对天象无知的氏族成员看来，观象者就一定是了解天意的人，是可以与天沟通的人，他的权力当然也就只能是上天赐予的，于是便发展出了"君权神授""君权天授"的思想，成为中国传统政治观的核心。

古人以为："知地者智，知天者圣。"了解地理的人，充其量只能算个智者；通晓天文的人，却堪称圣人。事实上，天文学不仅是古代的知识之源，更是人类的智慧之源，它对中国文化的影响广泛而深刻。这意味着，如果我们了解了上古的天文学，掌握了古人的天文观，我们就在一定程度上把握了文明诞生和发展的脉络，这当然是正确认识中华文明与中国传统文化的必由之路。

既然天文学对于中国文化有着如此重要的意义，那么它到底起源于一个怎样的时代？天文学的历史究竟可以古老到多久？这确实是我们关心的问题。

我们至少可以通过两个不同的途径探讨这个问题。还记得前面说过的吗？天文学的起源，其目的是为农业生产提供准确的时间服务，也就是说，在农业起源的时代，天文学其实早已作为农业生产的知识基础而存在了，先贤对于时间的规划及农时的了解当然已经不成问题，这意味着我们可以通过对农业起源的探索，间接地推证天文学的起源时间。

今天的考古学材料告诉我们，中国原始农业的起源时间已经可以上溯到距今一万年前。浙江上山文化遗址出土的炭化稻米距今已经有一万年了。这说明什么问题呢？至少在万年以前，先民对时间问题已经有所了解。一个对时间茫然无知的民族不可能创造出如此发达的农业文明。据此来看，中国原始农业起源的时间，实际已经将天文学的起源年代推到了万年以前。

不过，这种推测毕竟是间接的，如果我们能从考古材料中获得有关天文学起源的直接证据，那当然是更好的。今天我们确实很幸运，考古学为我们提供了难得的物证，使我们有机会书写中国天文学的古老信史。下面，我们就来一起看一看这个案例。

? 上山文化

上山文化是钱塘江流域目前发现的年代最早的新石器时代考古学文化，距今约11000—8500年。在已经挖掘的遗址中，出现了房址、墓葬、器物坑等，这意味着一种趋于稳定的居住环境正在形成，呈现出农耕定居文明的最初景观。

上山遗址出土的一粒炭化稻米，经研究属于驯化初级阶段的原始栽培稻。这里发现了包括水稻收割、加工和食用的较为完整的证据链，是目前我们所知道的、世界上最早的稻作农业遗存。

上山文化彩陶工艺非常精湛，其中的乳白彩与红衣陶胎为两次过火，在世界陶瓷史

▲ 红陶壶

◀ 炭化稻米

上写下了浓墨重彩的一笔。而且，研究人员发现一些陶器曾用于储存酒，显示那时候的先民已经会用水稻、薏米、块茎植物制作发酵饮料了。

考古遗存中的天象图

> **仰韶文化&濮阳西水坡**
>
> 仰韶文化是中国新石器文化研究的开端，也是我国延续时间最长的考古学文化，年代距今约7000—4700年，长达2000多年，代表史前重要的发展阶段——仰韶时代。西安半坡、陕县庙底沟、郑州大河村、濮阳西水坡、秦安大地湾等都是著名的遗址。仰韶文化大体可分为初、早、中、晚四期。在大约距今5000年后，大多演变成了龙山文化。

▲ 人面鱼纹彩陶盆，西安半坡遗址出土

河南濮阳西水坡的仰韶时代遗址中，有一处包括四组遗迹在内的原始宗教遗存。

这座遗存的时代，经碳同位素的测年，其结果约为距今6500年。这个时间显然超过了我们习惯接受的"中华文明五千年"。

四处原始遗迹，呈现为下北上南的布局安排。这种安排，与我们今天习惯接受的方位形式（上北下南）调转了180度。

最下边，也就是最北边是一座墓葬；自此向南25米处，分布有第二组遗存；由此再向南25米处，分布着第三组遗存；最后再向南25米，分布了第四组遗存。四组遗存分布的特点，是严格沿着一条南北子午线摆放，彼此相隔了25米。

这样的布局已经告诉了我们一个基本事实，那就是当时的先民早已懂得了辨别方位，而且建立起了南北子午线的明确概念。即便是现在，不借助仪器，要想将四个东西在百米之内沿子午线做等间距的安排，任何人都无法做到。更

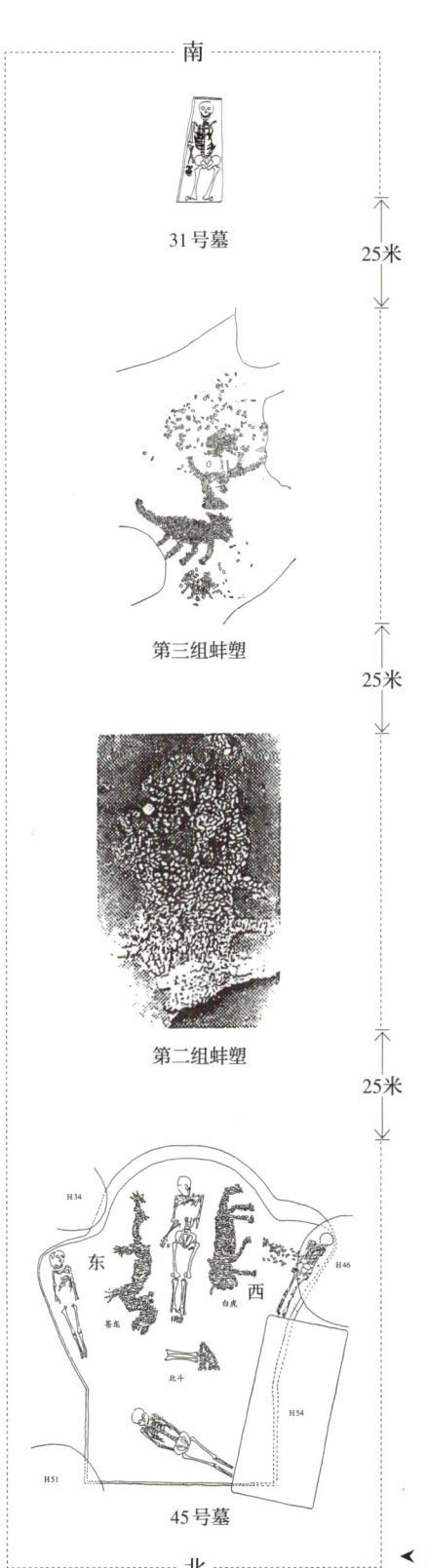

◀ 河南濮阳西水坡仰韶时代四组遗迹分布示意图

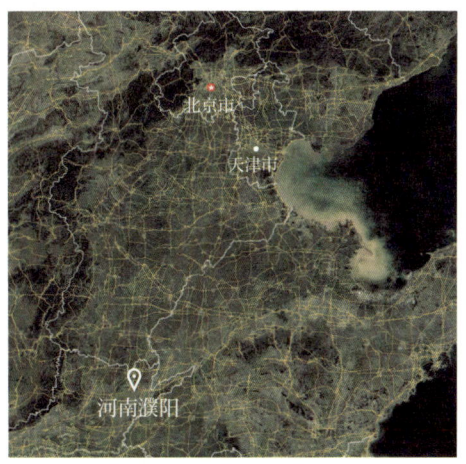

▲ 河南濮阳位置

> **西水坡墓葬遗存呈现出宏伟壮丽的原始宗教场景，对于中国天文学与中华文明起源的研究，具有重要的意义。**

何况是构建围绕同一个主题的不同场景。这意味着什么呢？在6500年前，我们的先人早就完成了对空间的规划，形成了完备的空间知识。

这处原始宗教遗存的核心，是位于北端的墓葬。墓葬中央是墓主人。而令人印象深刻的是，在墓主人的东、西两侧，分别摆放了用蚌壳拼塑的龙和虎。龙在东，虎在西，它们的头都朝向北方。

25

▼ 河南濮阳西水坡仰韶时代遗迹第一组遗迹
❶龙 ❷墓主 ❸虎

四象

看到了龙、虎，我们会想到什么呢？没错，四象。东方为龙，西方为虎，南方为鸟，北方为鹿或麒麟，到战国以后，鹿或麒麟变为由龟和蛇组成的玄武。我们已经讲过，四象的原型都在天上，表现的是天上的星星所呈现的形象。天上的星象其实很多，而在指导时间方面，最具有意义的则莫过于龙、虎、鹿、鸟四个星象。于是，古人将它们的地位提升，用以作为四方星宿的代表，这样便形成了传统天文学中的四象体系。

▼ 西水坡45号墓平面图

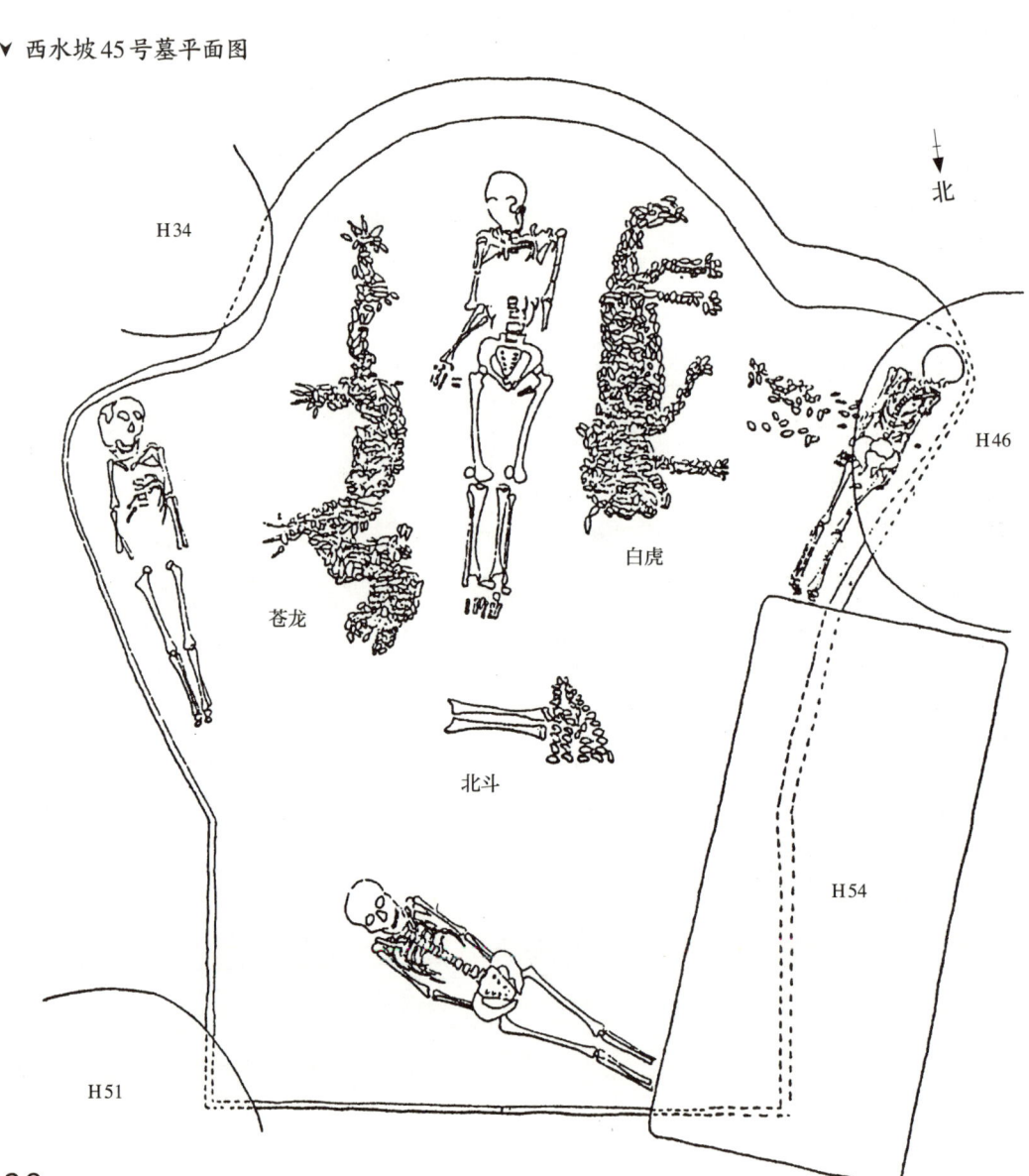

◀ 西周四象铜镜

▲ 西汉四象瓦当

那么，我们是不是可以因为墓葬中摆放的龙、虎，就认为它们表现的是天上的星象呢？不能这样草率。我们知道，随着文化的发展，四象被赋予了更多的文化含义，它不仅可以表现方位，还可以表现吉祥，更可以作为原始宗教中的帮助灵魂飞升的神兽，内涵已经相当丰富。因此，只看龙和虎，还不足以说明它们在墓葬中的意义。

如果想进一步论证，我们需要再看看还有没有更多的线索。

在这个墓葬中，除了墓主人的东西两侧摆放有龙、虎，在墓主人的北边脚下的位置，其实还有一个图像。这个图像由两部分组成，一部分是用蚌壳拼的一个三角形，另一部分是在蚌塑三角形的东侧放了两根人的胫骨，也就是小腿骨。这个图像表现的是什么呢？

如果单从形象上看，是不是很像北斗星？三角形像斗勺，古人叫它斗魁；两根人的胫骨则像斗柄，古人称为斗杓。不过，仅凭这个图像的样子像北斗，就说它是北斗星，这显然也是不行的。

29

现在，我们要再次把自己的目光，从地上转移到天上去寻找答案。

我们知道，无论北斗还是四象，都属于恒星，而恒星之间所具有的位置关系，在相当长的时间内是不会改变的。尽管恒星也会运动，但这种运动非常缓慢，至少我们在讨论十万年以内的天象变化时，可以对其变化忽略不计。这意味着，数千年的历史虽然少了，但入宇中的某颗恒星和另外某些恒星的相对位置是固定不变的。

既然如此，那么北斗星和龙、虎二象的位置又呈现为一种怎样的关系呢？我们来看下面这张星图。

星图的中央是北斗星。当我们沿着斗柄的最后一颗星向前寻找，我们看到了什么呢？龙星的角宿。当我们沿着北斗魁首的位置向前寻找时，会

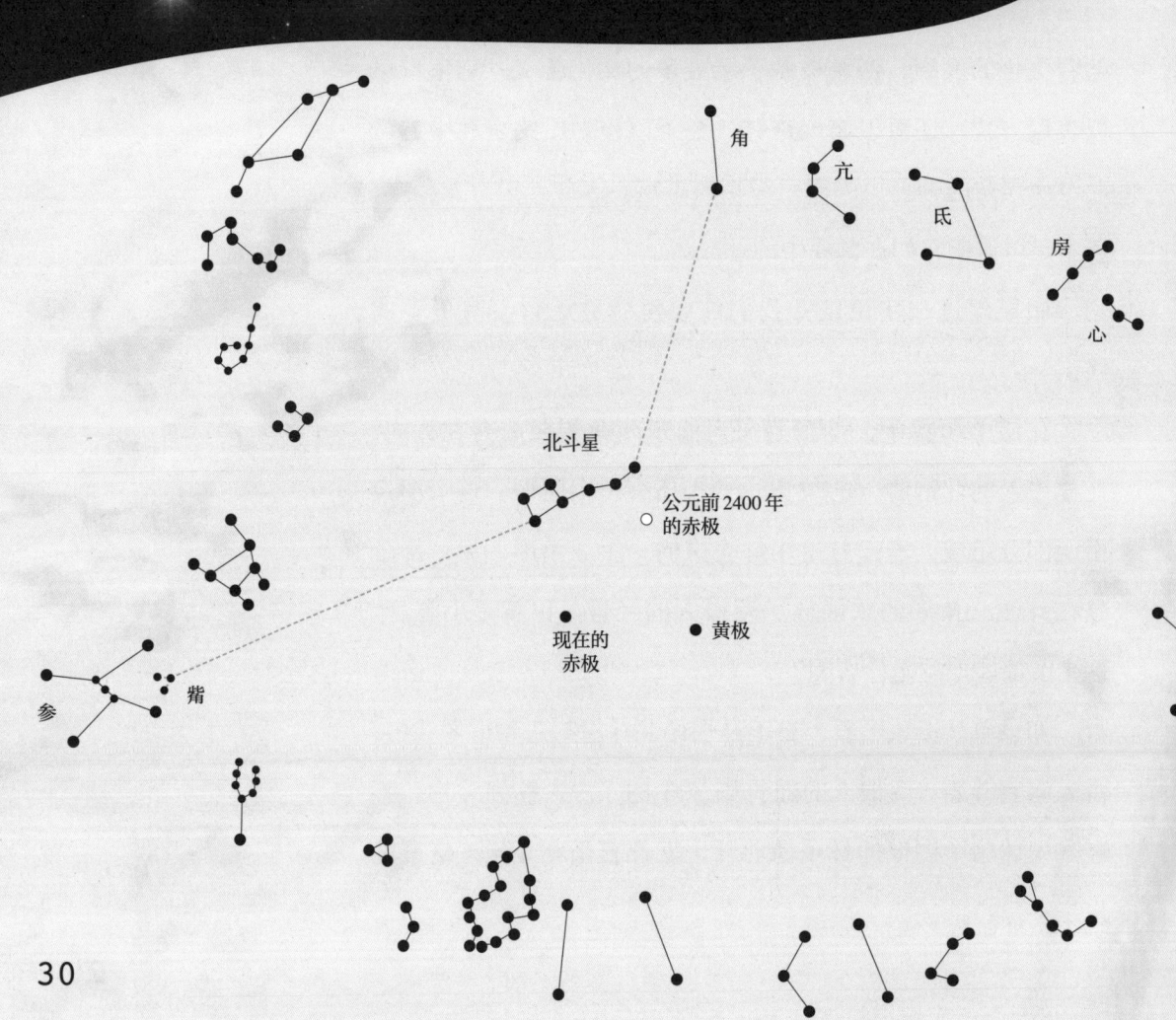

30

◀ 北斗星与龙、虎关系图

发现由觜（zī）宿和参（shēn）宿所组成的虎星。觜是"嘴"字的省写，表现的当然就是虎头。星图告诉我们，北斗杓柄指向龙角，而北斗魁首指向虎头。这种关系不仅非常清楚，而且恒久不变。

其实，先贤在很早的年代，就已经认识了北斗与二十八宿星官的这种互联关系。司马迁在写《史记·天官书》的时候，就把先人所建立的这种恒星之间的关系形象地记录了下来，他的描写是"杓携龙角""魁枕参首"，也就是说，北斗的斗柄会拴在龙角之上，而斗魁则枕在虎头之上。

当我们了解了北斗星与龙、虎星象的位置关系之后，再来看西水坡墓葬中的图像。墓主人脚下的图像如果表现的是北斗星的话，那么以两根胫骨表现的斗杓就恰好指向了龙角的位置，而蚌塑的斗魁则也刚好位于虎头的位置，其所呈现的与龙、虎二象的位置关系和真实的天象完全一样。

说到这里，那我们是不是可以放心地得出结论，认为墓中位于墓主人脚下的图像就是北斗星了呢？仍然不能。因为我们还有一个问题没有解决：为什么墓中的龙、虎用蚌壳来拼塑，而这个可以考虑为北斗星的图像，却一部分用蚌壳拼塑，另一部分要配置两根人的胫骨呢？

想要回答这个问题，我们还要从中国传统的观象授时制度中找答案。

古人是怎么观象授时的？

夜观星象

古人夜间关注的天区主要有两个：一个是天赤道[1]附近的区域，那里分布着中国传统天文学特有的星官体系二十八宿；另一个则是北天极附近的区域，这里有着明亮的北斗星。由于岁差[2]现象的存在，数千年前，北斗的位置较今日更接近北天极。北斗星终年常显不隐，成为可以随时观测的时间指示星。

因为地球的自转，我们看到的北斗星，每天都在围绕北天极做旋转。晚上，人们可以根据北斗星斗柄指向的变化，了解夜晚的时间。

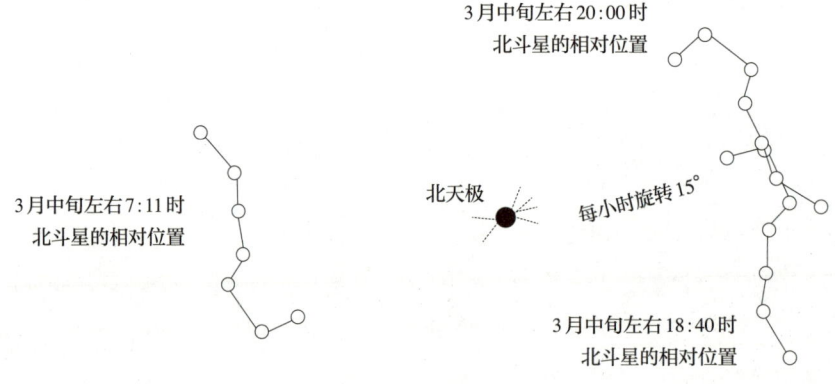

▲ 北斗星围绕着北天极在旋转

同时，又因为地球的公转，北斗还在围绕着北天极做周年旋转。人们在不同的季节观测北斗，便会发现斗柄的指向不同，春分东指，夏至南指，秋分西指，冬至北指，据此便可以知晓寒暑季节的更替。北斗星就像悬挂在北方中央的巨大钟表，而斗柄则宛如指示时间的表针，为人们提供着时间服务。

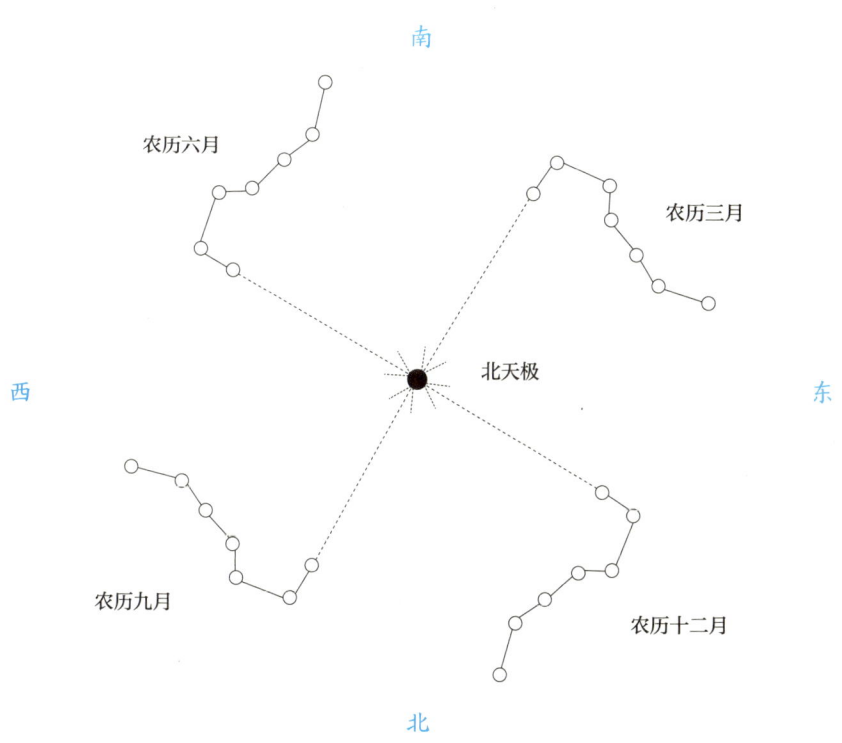

▲ 初昏观测北斗星的相对位置

注：

【1】天赤道：天文学名词，是指赤道平面与天球相截所得的大圆。天赤道把天球等分为北天半球和南天半球。

【2】岁差：一种天文学现象，指地球自转轴长期进动，引起春分点沿黄道西移。正是由于春分点的移动，太阳直射点的回归运动（回归年）较之恒星年（指地球绕太阳一周实际所需的时间间隔）存在约20分钟的差别，岁差也因此得名。

33

北斗的作用其实还不止这些。前面我们说了，北斗是终年可见的恒显星象，而二十八宿则因为分布于天赤道附近，人们每天只能看到一半的星象，另一半则会沉潜于地平线之下。只要人们有能力建立北斗与二十八宿固定的拴系关系，就可以通过北斗，方便地寻找到二十八宿中那些沉潜于地平线以下的星象。其实，北斗不仅与东方龙星、西方虎星有着固定的联系，像司马迁记录的"杓携龙角""魁枕参首"，而且与南方鸟星、北方鹿星的关系也固定不变。

正是这个原因，北斗星除了具有天文学的意义，在原始宗教方面的意

▲ 北斗帝车石刻画像(《金石索》)

❓ 斗为帝车

司马迁在《史记·天官书》中说："斗为帝车，运于中央，临制四乡（通"向"）。分阴阳，建四时，均五行，移节度，定诸纪，皆系于斗。"上帝乘坐帝车周行，位置至高无上，所以《论语·为政》引孔子的话说："为政以德，譬如北辰居其所而众星共之。"这里所说的北辰，正是北斗。由于具有这些重要作用，北斗星在中国文化中具有崇高的地位。

义同样重要。

古代先贤认为，北天极是上帝居住的地方，上帝居于宇宙的中央，主宰万物，巡行天下，其所乘的座驾就是北斗。因为北斗时刻都在围绕着北天极旋转，就像载负着上帝巡游的乘车。于是，古人又将北斗想象为上帝的车驾。

对北斗星的观测只能在夜晚进行。事实上，白天才是人们普遍从事生产活动的时段，对时间的了解更为迫切。如果人们想了解白天时间的变化，又会怎样做呢？

昼察日影

太阳出来了，一天也就开始了。太阳的行移变化，决定着一天的时间变化。但是，由于太阳太过明亮，无法直视，于是，聪明的先民想到了一个方法，就是观测太阳的影子，因为日影的变化实际也就显示着时间的变化。

那么，古人最早认识的影子会是谁的呢？当然是自己的。先民日出而作，日入而息，发现自己的身影在不断变化，不仅方向在变，长度也在变。久而久之，人们便认识到，身影的变化实际也就意味着时间的变化。因此，从这个意义上说，最早的测影工具，其实就是人体自身。

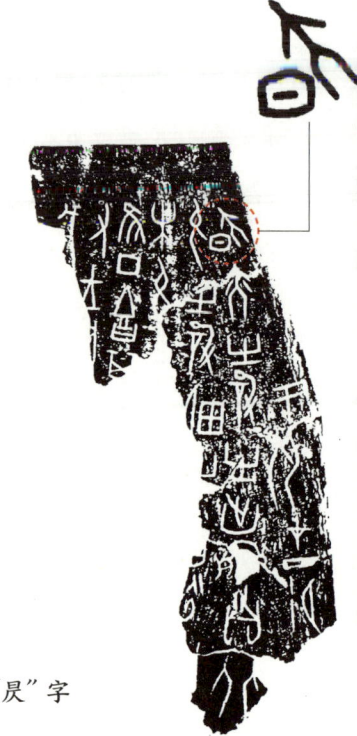

▶ 甲骨文"昃"字

在发明立表测影之前，人们曾经历过漫长的以人体测影的阶段。《山海经》记载了"夸父逐日"的神话，夸父追逐的真的是太阳吗？其实就是日影，而这则神话反映的或许正是人体测影这一古老制度。司马迁在《史记·夏本纪》中，记载了大禹治水时以"身为度"的故事，也应包括了以人体测影的做法。而保存在商代甲骨文中的"昃"（zè）字更是有力的证明。"昃"字的写法，是太阳之下的一个斜置的人影，意思是"日中已过"。我们知道，当正午到来的时候，太阳的位置居于正南，投映的人影当然是正直的。但当日中已过，太阳西行，投映的人影也就自然是斜的了。所以，"昃"通过斜置的人影表现这个时段，这就是《易传》所说的"日中则昃"。这些证据都可以清楚地说明，古人很早就有以人体测影来判断时间的朴素做法。

> **大禹"身为度"**
>
> 大禹"身为度",说的是他以自己的身体作为度量工具。度量的方法有很多:古人"布指知寸",即将两个手指并拢,就是一寸;而前臂的长度就是一尺;更长的距离,如果没有丈量的尺子,便可以通过走步来计算,左右两脚交替一次就是一步,约为一米,这叫步算。当然,人们也可以在晴天的时候站在太阳底下,通过观察身影的方向和长短变化,大致了解方位和时间。

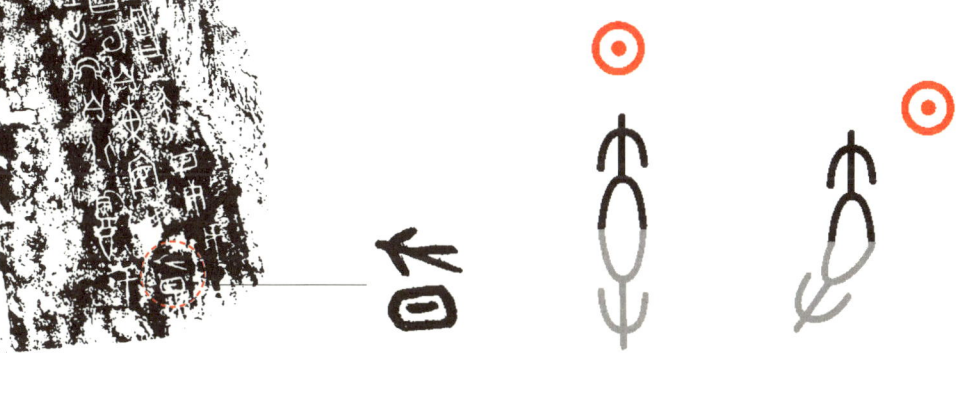

后来,随着天文学的进步,天文观测的要求逐渐精确化。所谓精确化,就是能够分辨出日影在毫厘之间的变化,这个精度显然是人体测影所无法达到的。这就要求古人必须创造出一种工具,来取代人体测影的工作,这就是表。

我们现在看时间的工具还叫表,而表刚被发明出来的时候,还有另外一个名字。我们知道,古人发明的测影工具,是在模仿人体测影的基础上完成的,并最终用它来取代人体测影。那么,人们给它取个什么名字呢?

古人的观念非常朴素,既然测影之表是模仿人体测影而创造出来的,而人能够完成测影,先决条件就是可以直立。那么,能够支撑人体直立最关键的部位是什么呢?当然就是腿骨。于是,古人就将腿骨的名称赋予了表,这就是"髀"(bì)。

❓ "髀"的双重意义

《周髀算经》，在中国古代被看作"算学之首"。其中在对"髀"字进行解释时，提到了两个基本含义："髀者，股也。髀者，表也。"而上古先民对于股的理解，其实是包括了大腿与小腿的整个腿骨。髀既是人的股骨，同时又是测影的表，这非常清楚地说明"髀"字所具有的这双重意义，来源于先贤以人的腿骨之名命名测影之表的事实。

❓ 髀表与勾股

古人在进行立表测影的工作时，首先需要将地面修成水平，然后把髀表垂直地立在水平的地面上，这样，垂直的髀表就和水平的地面形成了直角。于是，古人将髀表所表现的长直角边称为"股"，将由表影长度所构成的短直角边称为"勾"，将股端与勾端的连线称为"弦"，这就构成了直角三角形。

为什么要将以髀表所表现的长直角边称为"股"呢？这依然是承袭了先贤以人的腿骨之名来命名测影之表的传统。了解了这一点，你就很容易记住勾股定理中的勾、股、弦分别指的是哪条边了。

了解了测影制度的发展历史，我们就能明白，为什么西水坡先民所创造的那个北斗是由蚌壳和胫骨两部分组成的了。**先民把夜晚观测北斗星，与白天立表测影，这两种授时方法结合，创造出了这个独特的北斗图像。**那两根人的胫骨，象征的就是先贤在白天用来测影的髀表。

如果我们再进一步仔细观察北斗造型，便会发现，由蚌壳拼塑的斗魁部分，正是直角三角形，而两根胫骨竟然恰好放在了股（长直角边）的一侧。这种别具匠心的设计分明是在告诉我们：这条由胫骨所指的长直角边，正是勾股中的股，与测影所用的髀表同源。六千年前，我们的先贤已经具有了如此丰富的知识和高超的智慧，实在令人惊叹！

分析到这里，我们才可以论断：墓葬中位于墓主人脚下的图像，表现的正是北斗星。那么，与北斗共存的龙、虎，只能是天上的星象，不可能再有其他的解释。

> ❝ 西水坡墓中的北斗和龙、虎星象组成了一幅天文图。这是迄今为止，我们发现的人类历史上最古老的天文图，距今约6500年。❞

如果说对西水坡天文图的论证还有什么不足，那就是还缺乏同类天文图的佐证。假如我们能找到其他对比的材料，那么，西水坡天文图就不再是孤证，我们之前结论的可靠性将进一步增加。那有没有这样的例子呢？有的。我们来看下面这个例子。

这是一个战国时期漆箱盖面上的图案。你大概听说过从曾侯乙墓中出土的大型青铜编钟，而从这个墓中出土的、绘有二十八宿的漆箱同样意义非凡。

漆箱的盖面正是一幅天文图。图的中央，是一个篆书的"斗"字，表现的是什么呢？对，正是北斗星。"斗"字的周围，是一圈二十八宿的星宿名称。在二十八宿名称的左右两侧，则分别绘有一龙一虎。

▶ 战国彩绘二十八宿图髹（xiū）漆衣箱，1978年湖北随州擂鼓墩曾侯乙墓出土，湖北省博物馆收藏

▼ 漆箱的盖面　　　龙　　　篆书"斗"　　　虎

"火"字

▲ 隐去二十八宿名称的漆箱盖面线稿

如果我们将环绕北斗书写的二十八宿名称暂时隐去，剩下的是什么呢？中央的北斗和左右两侧的龙、虎——与西水坡遗址中的蚌塑天文图具有完全相同的内涵！更有意思的是，曾侯乙漆箱星图与西水坡蚌塑星图不仅在主要星象方面一致，甚至在细节上都毫无差异。

我们注意到，曾侯乙漆箱星图在虎的腹部之下还绘有一个图像，形状类似火焰，其实就是先秦时代的"火"字。它所象征的，是天上作为恒星的火星（并不是行星里的火星），也叫大火或大火星。

大火星位于龙星心宿的中央，是颗红色的一等星。这种亮度极高的恒星对于观象授时和历法编算都非常重要。《诗经》中有一句"七月流火"，这里的"火"就是大火星。意思是农历七月的时候，大火星开始向西下沉，标志着夏去秋来，天气转凉。

那么，位于龙心的火星为什么要绘于虎的腹下呢？

我们知道，虎星是西方的象征，而西方则是太阳落下的方位。古人将大火星绘于虎腹之下，其表现的天象就是当太阳西没之后，火星也跟着太

> 西水坡墓葬星象图虎腹之下的遗迹，正是我们在曾侯乙漆箱星图中看到的、位于虎腹之下的大火星，两幅星图的内涵简直如出一辙。

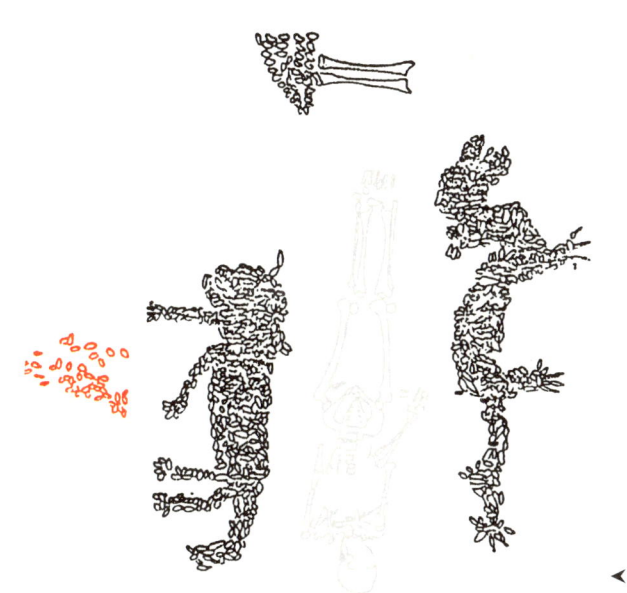

◀ 西水坡45号墓蚌塑天文图

阳一起没入了地平线。这个天象非常重要，是历法编算中决定年岁交替的标志。这就是曾侯乙漆箱星图虎腹之下的大火星所体现的意义。

现在，我们带着这个信息，重新来检视西水坡墓葬中的蚌塑遗迹。

你会发现，墓中除了北斗和蚌龙、蚌虎，其实还有一处不太显眼的蚌壳遗迹，就在虎腹的下方。注意这个位置，是不是与曾侯乙漆箱星图虎腹之下大火星的位置完全一样？只是因为过于散乱，人们往往就忽略了它的意义。当年的发掘者认为，这堆蚌壳应该是拼塑完龙、虎之后剩余的材料，古人就随手留在那里。这种解释难以令人信服。埋葬先人的墓里会有随意丢弃的东西吗？显然不合常理。当我们将西水坡墓葬星象图，与曾侯乙漆箱星图对比之后，顿时真相大白。

现在，我们终于可以放心地说，西水坡墓葬的蚌塑遗迹呈现了一幅由北斗与龙、虎星象所组成的天文图。这幅创作于6500年前的星图，竟与战国初年曾侯乙漆箱星图的结构别无二致。尽管二者相差了四千年的时间，但展现的内容没有变。这说明了什么问题？文明以止，人文也。

先民眼中的宇宙与四时

❓ 三才与天人合一

古人将天、地、人称为"三才"。人的头顶戴天,双脚履地,与此同时,"天圆地方,人头圆足方以应之"(《黄帝内经·灵枢》),所以古人认为,人与天地是能够互相感应的。人这个小宇宙与天地自然的大宇宙和谐相处,始终是中国传统宇宙观所追求的天人合一。

西水坡墓葬所展现的文化内涵还远不止星象图。

这个墓葬的独特形状很引人注意。我们常见的古代墓葬多呈长方形,但西水坡的墓葬非常奇特,其南边为圆形,北边为方形。这种设计又传达了什么思想呢?

先说答案:天圆地方,天南地北。

中国传统的宇宙论主要有三种,其中起源最早的就是盖天说(另外还有浑天说和宣夜说)。盖天说认为,天像一个半球形的大罩子,扣在方形平坦的大地上,所以天是圆的,地是方的。在古人看来,人体也是一个小宇宙,所以人的头顶是圆的,脚是方的。同时,南方象征着天的位置,北方则象征着地的位置。这种观念从上古一直延续到明清。最好的例子就是北京城,祭天的天坛建在南郊,是圆形的;祭地的地坛建在北郊,是方形的。

了解了这些之后,我们再看西水坡的墓葬,就很清楚了。你看这个墓葬,南边圆曲,北边方

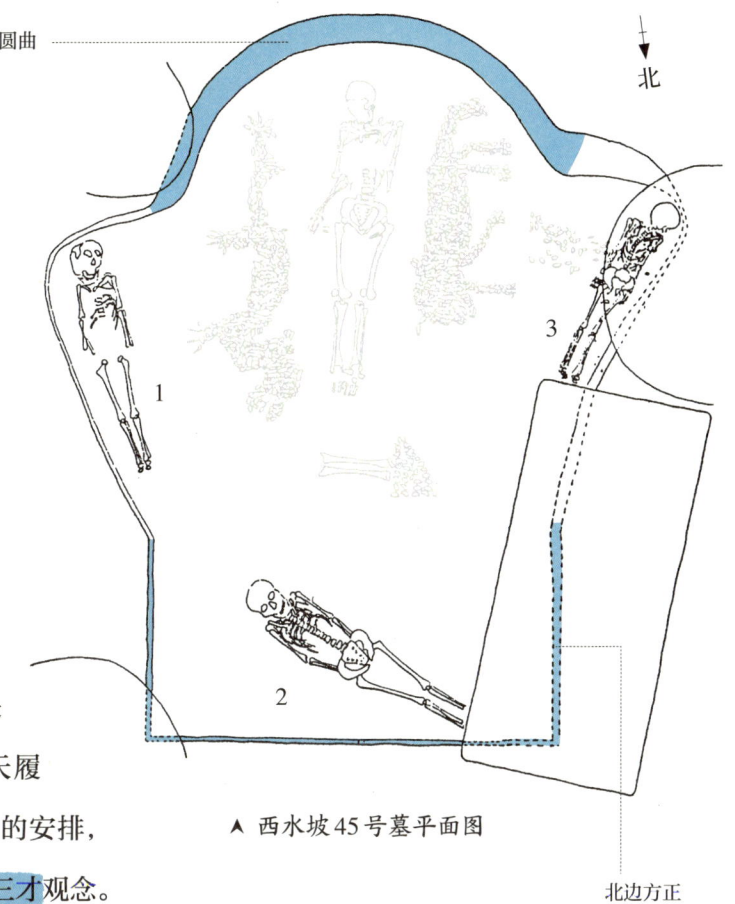

▲ 西水坡45号墓平面图

正，这表现的不正是天圆地方的古老观念吗？墓主人的头顶向南（天的方位），双足朝北（地的方位），不也是以人的圆颅方趾呼应人的戴天履地吗？这种将人置于天地之间的安排，非常准确地表达了天人合一的三才观念。

这个墓葬里还殉葬了三个人，他们都是12~16岁的少男少女。这三个人并不是集中地放在某个比较空旷的位置，而是东边一个、西边一个、北边一个。而且，北边这个人也不是按照墓边的东西向来摆放，而是特意摆出了一个角度。这非常耐人寻味。我特意计算了一下这个角度，结果非常令人惊讶——他的头，正好指向了濮阳当地在冬至那一天看到的太阳初升的位置，一度不差。

这个事实，使人联想到中国原始宗教思想中一个流行已久的古老观念——分至四神。古人通过立表测影，了解到了二分（春分和秋分）二至（夏至和冬至）的存在。我们知道，夏至时，太阳直射地球的北回归线，影子最短；冬至时，太阳直射南回归线，影子最长；而春分、秋分呢，太阳直射赤道，影子长度介于冬至与夏至之间，而且长度相等。这就是人们对

43

四时的最初了解，并不是指春、夏、秋、冬四个季节，而是专指二分二至这四个标准时间点。

人们在长期的观察中发现，虽然和二分二至从没有过约定，这四个时间点却年年如期而至。这个事实便诱发了古人的想象，二分二至如此准确，那一定是由于有四位神灵在管理。于是，便发展形成了分至四神的观念。

分至四神是有他们的居住地方的。根据《尚书·尧典》的记载，春分神住在最东方名叫旸谷的地方，秋分神住在最西方名叫昧谷的地方，冬至神居住在最北方名叫幽都的地方，而夏至神呢，书上只说是在南方极远之地，并没有具体的名字。

以这个文化背景与西水坡墓葬中殉葬的三人对照，除了缺少夏至神，其他三位的位置与传统认为的春分、秋分和冬至三神分别居住于东极、西极与北极的安排完全一致。

最早的分至四神是四只鸟，这是因为古人始终以鸟作为太阳的象征。太阳在天上虽然在运行，但它并没有双足，更没有双翅，那又是靠什么在天上行走的呢？古人想象，一定是由鸟在驮负着太阳行移。因为鸟生有双翅，可以在天上飞翔，于是便产生了"金乌负日"的神话。我们在《山海经》中可以读到这样的神话，太阳由鸟来驮负搬运，行天变化。考古遗存中也经常可以看到这类以"金乌负日"为主题的图像，甚至中国古人认为日中有三足鸟的观念，也来源于"金乌负日"的朴素认知。

四川成都金沙遗址出土的太阳金箔饰，即于太阳的四方雕有四鸟。中央的太阳，饰有十二道旋转的光芒。"十二"在中国文化中是一个非常有意义的数字，古人称它为"法天之数"，因为一年有十二个月，所以，太阳的十二旋芒显然象征着由二分二至所规划的一年。而在太阳外围雕刻的四鸟，分别处于东、西、南、北四方的位置。这里的四鸟，表现的应该就是分至四神。

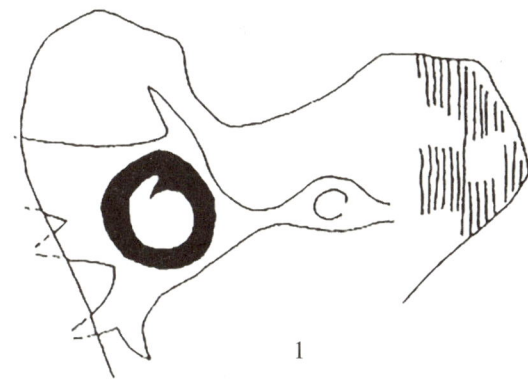

▲ 金乌负日图
1. 良渚文化彩陶
2. 仰韶文化彩陶
3~4. 东汉石刻画像

◀ 四川成都金沙遗址出土的太阳四鸟金箔

分至四神在《尚书·尧典》的神话体系中已被塑造成了羲和的四位天文官。然而，在战国楚帛书的记载中，四神则被描写成了伏羲和女娲所生的四个孩子，所以分至四神也被称为分至四子。西水坡墓葬中的三位殉人也都是孩子，这与分至四子的神话传说难道只是巧合吗？

如果说西水坡墓葬东、西、北方的三位殉人可以被认定为春分神、秋分神、冬至神（头指冬至的日出位置，更强化了这种可能），那么，夏至神又在哪儿呢？

我们看到，在这个原始宗教遗存的最南端还有一座墓葬，墓中仅葬一人，墓主也是孩子，他所象征的，很可能就是在北端墓葬中我们没有找到的夏至神。

我们来看一看，这个墓主人是不是缺少什么？没错，两腿的胫骨。通过对墓穴长度的分析可知，他的胫骨在入葬之前就已被取走了。那么，这两根胫骨去哪儿了呢？

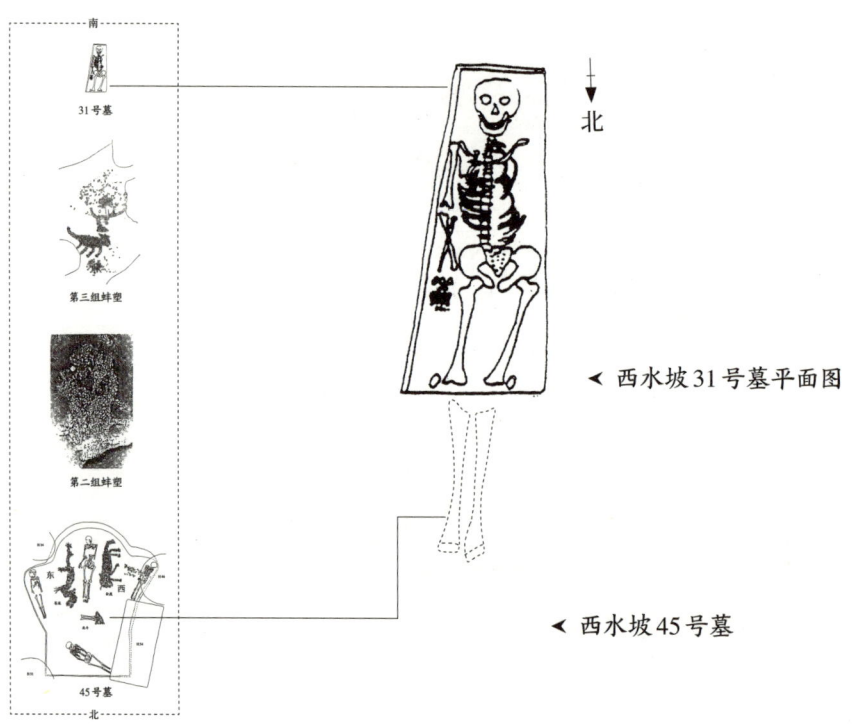

◀ 西水坡31号墓平面图

◀ 西水坡45号墓

如果我们综合考察西水坡的四组遗存，答案便不难找到——这两根胫骨其实早已被放入了北端的墓葬，充当了北斗星的杓柄。前面我们讲过，作为北斗杓柄的胫骨，实际象征着用于测量日影的表。那么，古人为什么单独选取夏至神的胫骨来象征髀表，而不用其他三位神祇的胫骨呢？

原因很简单，由于夏至日正午的表影是全年中最短的影子，而上古时代的生产力水平很低，制造出短尺子相对容易。人们只求尺子的长度与表影的长度相同即可，这样就可以决定夏至。因此，在当时的观象制度中，于夏至日的测影活动实际成了全年中最重要的一次。所以，《尚书·尧典》只有在对夏至神的描述时，特别赋予了他测影的职能，而这种职能在对其他三位神祇的描述时完全没有。这便是古人独取夏至神的胫骨来表现测影髀表的原因。显然，这为遗存的南端墓葬殉人为夏至神的象征提供了无可辩驳的证据。

《夏至致日图》（引自清孙家鼐等编的《钦定书经图说》，清光绪三十一年内府刊本）图绘羲叔（上古时代主南方之官）受帝尧之命，于夏至日用土圭测表影，以确定夏至的时间。

47

▶ 四神分布示意图

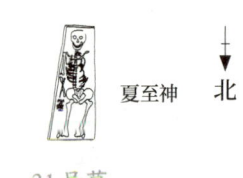

31号墓

第三组蚌塑

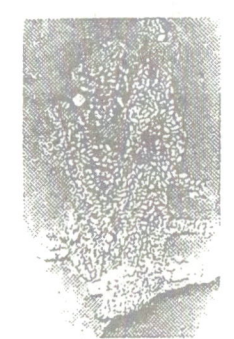

第二组蚌塑

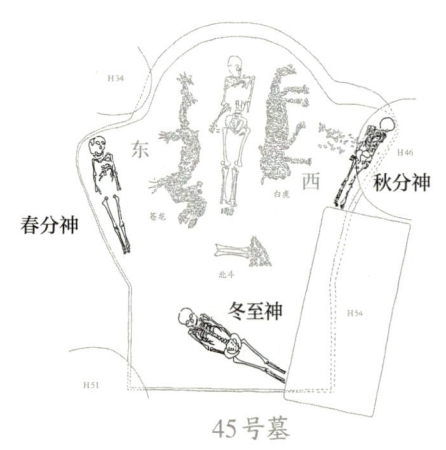

45号墓

其实，问题到这里还没有结束。

为什么要把夏至神葬在整个遗址的最南端（第四组遗存），而不和春分神、秋分神及冬至神一起安放在北端墓葬的南边（第一组遗存）？想要回答这个问题，就还要结合第二组和第三组遗存来看。

位于第一组遗存南方25米处，分布着第二组遗存。在第二组遗存中，有用蚌壳拼塑的龙、虎、鹿和鸟，这是最古老的四象。前面我们已经说过，玄武作为北方之象出现，最早是在战国时代。在距今6500年的西水坡时代，四象中的北方之象还是鹿或麒麟。四象在整组遗存中是帮助墓主人灵魂升天的灵兽。还记得我们前面讲过的吗？四象的原型来源于天上的星象，它们有时显现于天空，有时沉潜于地下，喻示着这些灵兽可以上天入地。所以，四象又被称为四灵。后来，道教继续完善了这个文化传统，把四象作为升仙的灵蹻（qiāo，蹻有举起之意）。

在第二组遗存以南25米的地方，分布着第三组遗存。古人不仅用蚌壳拼塑了腾跃的龙、虎星象，而且还在龙身的位置，用蚌壳拼塑出一个小人，表现了人骑着龙在天上遨游的场景。这位御龙在天的蚌塑小人，就应是墓主人升天灵魂的再现。同时，第三组遗存还满铺蚌壳，象征着满天的繁星，更以密布的蚌壳摆出一条带状，象征着繁星灿烂的银河。

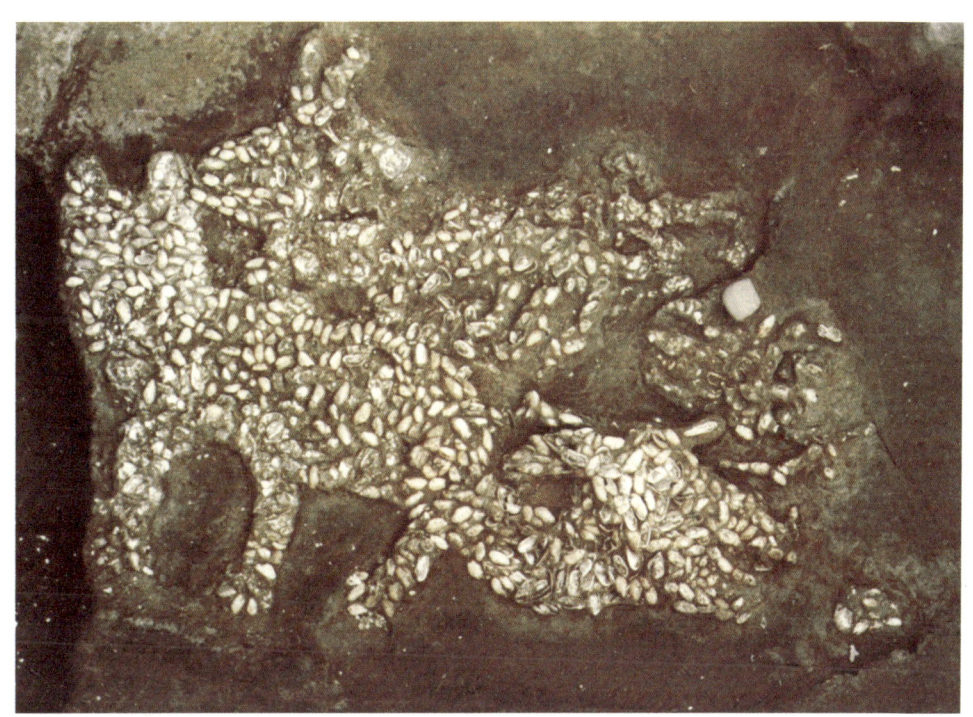

▲ 西水坡第二组蚌塑遗迹

龙　　　小人　　　虎

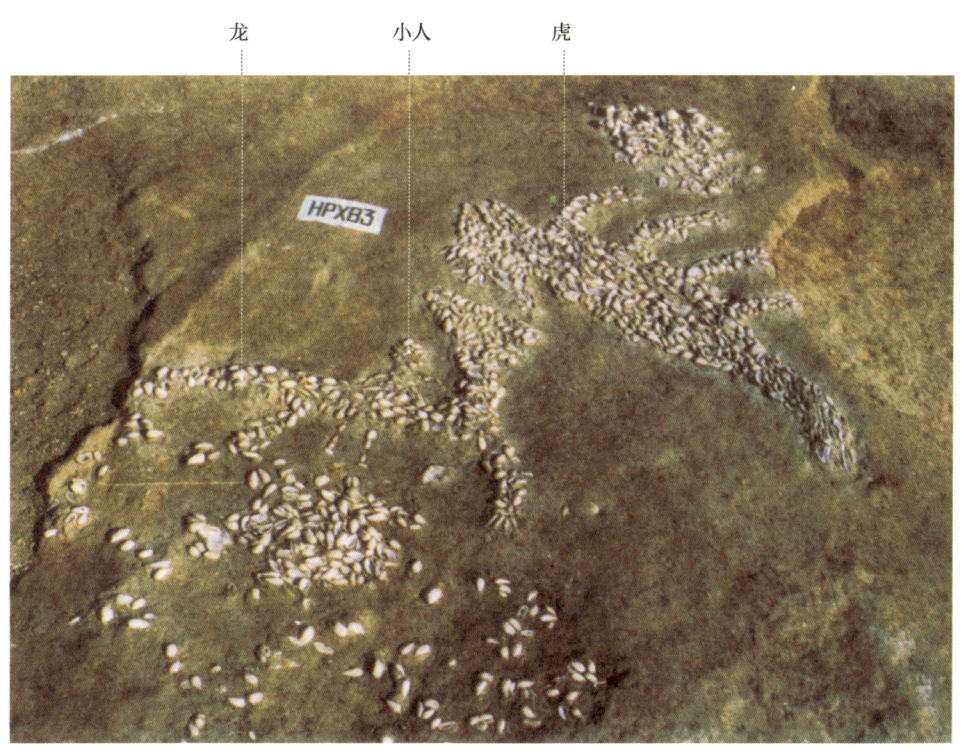

▲ 西水坡第三组蚌塑遗迹

这三组遗存的设计方式也大不相同。

最北端的墓葬表现墓主人生活的大地，所以无论是星象还是殉人，都直接摆放在了黄土之上。而第二组遗存则象征着墓主人灵魂的升天通路，第三组遗存象征着灵魂升入的浩瀚天宇。因此，人们在黄土之上先特意铺就了一层厚厚的灰黑色土，再在其上摆放蚌塑星象。这种通过颜色不同来呈现的天色为玄、地色为黄，非常清楚地表明了整组遗存中灵魂由地升天的意义。

所以，我们可以说，西水坡遗存是一处反映着墓主人灵魂升天的原始宗教遗存。从遗址北端表现墓主人生前世界的墓葬，到表现墓主人升天过程的第二组遗存，再到表现墓主人灵魂升入天庭的第三组遗存，构成了一个完整的升天主题，其间当然已不允许再摆放任何其他人物，否则就会阻塞了灵魂升天的通道。所以，遗址中如果想安排夏至神的位置，就只能有一种选择，那就是将其放在这个完整升天场景的南侧。于是，就形成了我们今天看到的情形。

西水坡原始宗教遗存的主题在于表现墓主人的灵魂升天，在这样的背景下，分至四神起到什么作用呢？他们是沟通人与神的使者，也就是最早的巫。传说在颛顼（Zhuān Xū）帝时代，人和神的直接联络被切断了——绝地天通，从此之后，人们再也不能自由地往来于天地。巫就被赋予了沟通人神的权力，成为负责传达上帝和人王意旨的唯一使者。分至四神，作为上帝的臣子，居住在天地的四极，拥有往来天地之间的特权。

墓主人死后，灵魂升天，在中国的原始宗教中，这种思想体现的就是以祖配天。西水坡遗存中表现了天地两界，以及沟通两界的升天过程，这些思想在西汉马王堆墓葬所出的非衣上也可以看到，观念一脉相承。

这个帛画表现的也是一个灵魂升天的场景。最上面的部分就是天。天门两边有大司命、少司命，然后再上面的空间就是天。中间就是两条龙，两

▶ 马王堆非衣（T形帛画）

条龙盘着来托举着这个墓主人往上走。这个图像和我刚才说的西水坡整个墓葬场景上显示的内容实际是一样的，都表现了灵魂的升天。

那么，对古人来说，为什么灵魂一定要升天？在早期文明时代，又是哪些人才能享有灵魂升天的资格呢？这些问题，直接关系到墓主人的身份。

前面我们讲过，天文学不仅是最早的科学，同时也是最古老的文化。古人创造科学的活动也就是他们创造文化的活动。观象授时形成了王权，这使天文学成为统治者垄断的神秘知识，而观象工作也就成了统治者所享有的特权。

在这样的文化背景下，我们再看墓中摆放星象图的做法，便可知道，那其实是墓主人生前权力特征的再现，说明墓主人生前的核心工作就是观象授时。很明显，这样的人物，只能是当时的最高统治者。

有人或许不解，墓中为什么没有随葬陶器、石器、玉器之类的物品呢？那些在古代墓葬中更常见呀。事实上，这种重天而轻物的现象，正显示了西水坡这座墓葬与其他墓葬的不同。无垠的宇宙星空都随葬在了他的身边，天下都已经归他所有，他还会在乎那些坛坛罐罐吗？

观象授时的君主，在古人看来当然也就是有能力与天沟通的人，是最高级别的巫。那么，他的权力是谁给的呢？自然是天给的，而这位人格化的至上天神，就是上帝。于是，原始宗教便在这样的认识基础上形成了。

> ❓ "上帝"这个词可是中国人的发明
>
> "帝"所体现的意义就是嫡庶的嫡。对于古人来说，至上神上帝降赐统治人间的权力，与配帝在下的人王有一种最亲密的联系。所以，上帝是人王的直系祖先，人们对于上帝的崇拜，其实就是他们祖先崇拜的重要部分。周代的统治者名为"天子"，也就是天的儿子，仍然体现着这种宗教思想。这意味着人王死后，他的灵魂必须升入天庭，陪伴在他的祖先周围，从而形成了灵魂升天、以祖配帝的原始宗教观。

> **❓ 谁是颛顼？**
>
> 颛顼，是古史传说中绝地天通的天神。在少皞（hào）氏的时代，民神杂居，礼制混乱，每个人都可以往来上下于天地。民众对神缺乏敬畏之心，神于民众的诉求也轻侮无以相助，社会财匮祸繁，秩序不彰。于是颛顼进行了伟大的宗教改革，他命重和黎二人各自掌管天地，切断了天地之间的联系，这就是绝地天通。从此以后，交通天地的事情再不是一般民众可以企望的了，巫觋（xí）通天成了传达人神意旨的唯一途径。正是由于颛顼具有这样的历史贡献，所以古代史家将其推为五帝之一的贤圣明王，司马迁更将其记载在了《史记·五帝本纪》之中。

西水坡第二组遗存与四灵共存的还有一件磨制精良的石斧，不仅作为王权的象征，而且也是王者灵魂的物化表现。这一切都显示着一个基本事实，那就是最早有资格升天的人，只能是掌握天文的最高统治者。

既然如此，那么这位葬卧于西水坡墓葬中的最高统治者又是谁呢？我们可以有一点"历史想象力"。

濮阳自古被称为"帝丘"。《国语·楚语下》记载了颛顼帝绝地天通，不仅进行了伟大的宗教改革，而且编制历法；而《大戴礼记·五帝德》则说他"乘龙而至四海"。这些事迹，是不是和西水坡壮丽的宗教场景太相似了呢？

西水坡遗存给我们的启示

第一，我们终于实实在在地了解到6500年前先民们精彩的文明创造——观象授时。他们发明了立表测影，由此规划出白天的时间；测定了二分二至，辨识出东、西、南、北并画出子午线；他们夜间能够观测星象，不仅确定了北斗、二十八宿，还以这些为核心建立了古老的天文学体系。

同时，古人对宇宙有着"天圆地方"的朴素想象，有了对人格化至上神——上帝的崇拜，并将上帝作为人王的祖先，建立了人王与至上神的直系关系，相信人王去世后灵魂会升天陪伴在上帝左右，形成了"以祖配天"的原始宗教观。

四时稳定的秩序，启发人们得出"至信如时"的结论。诚信，就成为自上古以来人们最为看中的道德。对"分至四神"的想象，正是传达了这种以时间为信的思想。神与人之间的诚信关系，确立了天授王权的合法性。考古发现让我们看到，当时的社会已经形成了统一的王权，而权力的拥有者掌握着观象授时，建立了以天文观象为基础的政治制度。这意味着，相应的君位继承制也已经形成。

这样一些实实在在的文明创造，统统都发生在距今6500年前。

如果从"文明以止"的观念来思考，从西水坡到曾侯乙，4000年的时间，天象图都没有改变，那么，我们是不是有理由将我们文明诞生的时间再向上追溯4000年呢？

现在再细细思考"文明以止"四个字，相信大家会有更深刻的体会。早期文明的积累、发展、成形是极其缓慢的，这与今天物质文明的不断加速度完全不同。那个时候，200年前和2000年前可能没什么太大差别；而今天的加速度，是靠那几千年，甚至上万年人类发展的积累才有的。我们的先民，通过对大自然日复一日的观察、分析总结出知识，创造了泽被后世的灿烂文明。没有那个缓慢，也就不可能有今天的加速度。今天为我们所熟知的一切，又何尝不是数千年文明的积淀呢！

所以，我们没有任何理由轻视先人的创造。面对博大精深的中华文明，我们对先人的成就必须怀有起码的虔诚和敬畏。

第二，也是更加重要的一点，了解这些之后，我们就获得了重新构建中国上古文明的知识背景。什么意思呢？以往我们对中华文明的认识，是基于战国、秦汉向前追溯。所以，当我们看到商代一些精彩的文物，就觉得超乎想象。商代已经离我们那么远了，以至于我们常常会问：古人有这么聪明吗？但是，今天我们所看到的西水坡文明，时间相当于比商代又早出了一个"商代"，商代距我们三千年，西水坡又距商代三千年，商人看西水坡，就犹如我们看商代。因此，以后我们再看中华文明，就要立足于六千年的背景向前追溯。

不知道在读到这些内容之前，读者朋友们脑中六千年前的社会是个什么样子。大家最熟悉的影视画面，恐怕都是

> 西水坡原始宗教遗存对于重新书写中国上古文明的信史发挥着无可替代的重要作用。这些真实的史料，使我们的上古历史不再只是神话传说，这对于国人树立文化自信乃至民族自信是极其重要的。

古人赤裸着上身，腰系兽皮，围着篝火起舞的场景。在大多数人的想象中，先民肯定是愚昧的，怎么可能会有现代人聪明呢？然而，事实恰恰相反——今天的人们其实远远不及古人智慧。西水坡的原始宗教遗存就是一个最好的例子。在那样早的时代，我们的先人就已经达到了如此高的文明程度，从某种意义上说，这完全刷新了我们过去对中华文明的认知。

第三，仰韶时代的西水坡原始宗教遗存，只是众多早期文明遗存中的一个相对完整的个案而已。同时代甚至更早的考古遗存，同样展现了不凡的文明成果，带给了我们极大的惊喜。这些早期文明遗存勾勒出一个基本事实，这就是自中国的新石器时代直至秦以前，作为中华文明核心的思想体系、知识体系和礼仪制度早就创造完成了，后人不过是在前人创造的基础上修修补补而已。这些认识，都是我们通过天文考古学研究，基于对考古学所提供的真实史料的分析得出的，这对于重新认识中华文明当然非常重要。

文化自信必须首先建立在对己身文明了解的基础之上，如果对自己的文化一无所知，又何谈文化的自信呢？没有文化的自信，民族自信也就成了无源之水，无本之木。

【给孩子的话】

数千年的文化积淀造就了辉煌灿烂的中国文化。面对如此深厚的文化传统，如何才能学懂、学好呢？孔子的学生曾子（曾参）说：

"士不可以不弘毅，任重而道远。仁以为己任，不亦重乎？死而后已，不亦远乎？"（《论语·泰伯》）

这是多大的气魄啊！人最不能缺少的，就是坚韧不拔的毅力。没有毅力，将一事无成，有了毅力，就攻无不克。我们学习中国文化，必须发扬弘毅的精神，这样才能担起重任，走得深远，最终实现自己的理想。

【考古学家小传】

> 古人对于天、地、人的关系的创立过程，也就是他们创造文明的过程，这意味着我们可以通过对古代遗迹遗物的天文学研究，从根本上解决文明的诞生和文化的形成问题，这对于考古学研究和历史学研究极为重要。

冯时，1958年10月生于北京。

中国社会科学院学部委员，一级研究员，中国社会科学院大学教授、博士生导师，中国社会科学院古文字学学科带头人。享受国务院政府特殊津贴。兼任中国历史研究院学术咨询委员会委员、中国历史研究院中华文明与世界古文明比较研究中心副理事长、中国古文字研究会理事等职。

主要研究领域为古文字学与天文考古学，旁治商周考古学、先秦史、天文年代学、历史文献学、民族古文字学、古代思想史和科技史。出版学术著作12部，发表论文300余篇，主编《金文文献集成》。

59

"如果没有浓厚的兴趣，就别去学考古专业。"

1982年，冯时毕业于北京大学历史系考古专业。当年高考填志愿，"北大历史系考古专业"是他唯一的选择。

冯时念念不忘的一位前辈，是中国社会科学院考古所的老所长夏鼐先生。他是中华人民共和国成立后考古工作的主要指导者和组织者，也是中国天文考古学研究的首倡者。

1965年，夏先生在《洛阳西汉壁画墓中的星象图》一文中，第一次基于考古资料系统探讨了中国古代的恒星观测。夏先生学养深厚，对考古学、天文学都颇有研究，自然而然地把二者融会贯通。十年后，夏先生另一篇题为《从宣化辽墓的星图论二十八宿和黄道十二宫》再次引起轰动，他客观地对中国二十八宿的起源时间和地点作了详细阐述。不过，在20世纪60年代中期，考古发掘只能很有限地开展。直到20世纪80年代末，中国考古学经过中华人民共和国成立以来四十年的积累，取得一系列的重大发现，逐渐进入繁荣时期。遗憾的是，夏鼐先生在1985年离世，没能看到20世纪90年代天文考古学渐成体系。

从古文字、历法到天文，
探中国文化的本源

天文考古学体系的构建者，正是冯时。

1990年，刚过31岁的冯时在《文物》（第3期）发表《河南濮阳西水坡45号墓的天文学研究》。这篇论文，除了在考古学界石破天惊，还引来圈外诸多学者的关注。

历史学家庞朴起初认为，蚌壳与人骨组成的图案是火炬。在得知冯时将这个图案论证为北斗时，他不禁激动地拍案惊叹："真是伟大的发现！"当时的意大利驻香港总领事巴伊斯特罗基（M.Baistrocchi）也给冯时来信，希望得到这篇文章的英文稿，以便在海外介绍这一研究成果。几位译者均因难度太大而作罢，最后，还是冯时自己译成英文，并请社科院考古所的译审莫润先先生润色，最后寄往香港。

在西水坡45号墓发掘之前，冯时已经开始钻研天文知识。不过，他还没有萌生构建中国天文考古体系的想法。一直以来，他的兴趣方向是古文字研究。他中学时曾拜书画大家尹瘦石先生为师，在书法、篆刻方面都有深厚的功底，这为他研究古文字打下了扎实的基础。

> **"** 对于书法而言，一般只是从艺术的角度探讨书风和字形结体、破体的变化。历史学的要求则不一样，首先要把古文字当作史料来看待。也就是说，古文字材料不仅仅是研究的对象，而且是研究历史的基本材料。**"**

> 研究历史，尤其要注意鉴别伪史料和伪史实两个层次的问题。有的史料干脆就是假的，这是伪史料；还有一类史料不假，可是记述者所记述的事情未必真，这是伪史实。这都是我们在做学术研究的时候需要认真鉴别的。

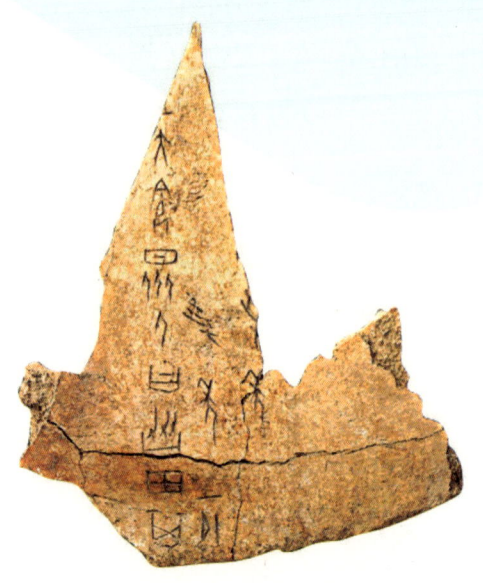

◀"王大令众人曰协田"刻辞卜骨
现藏于中国国家博物馆

随着研究的深入，冯时渐渐发现，如果古史的年代、年历问题不解决，很多商周的历史问题无法深入，甚至可以说，年历的校准是正确理解古文字材料的基础。

比如，甲骨文里有"王大令众人曰协田，其受年，十一月"。这里的"十一月"相当于现在的几月？过去有学者认为，"协田"就是耕田或种麦。如果是今天的农历十一月，已经天寒地冻，怎么耕田呢？种麦就更没有可能了。所以，这些月份和今天的农历该如何对应，都是商史研究的基本问题。

所以，冯时下决心要解决殷历问题。

历算向来被视为绝学，当年董作宾写《殷历谱》，几乎耗费毕生精力，结果不少人认为他还是失败了。可是，如果想要深入了解殷商历史，这个问题绕不过去。酝酿了差不多两年的时间，冯时写就了《殷历岁首研究》和《殷历月首研究》两篇文章。

那段时间，因为研究殷历，冯时特别关注商周时代的天文学材料。

凡事都有一些机遇。1987年，河南濮阳西水坡45号墓被发现。之前大量的研究积累，使冯时立刻联想到天上的龙星、虎星、北斗。经过大胆假设、小心求证之后，他终于可以确认墓中所呈现的，正是一幅星象图。从此之后，他便走上了创建中国天文考古学这门学科的道路。

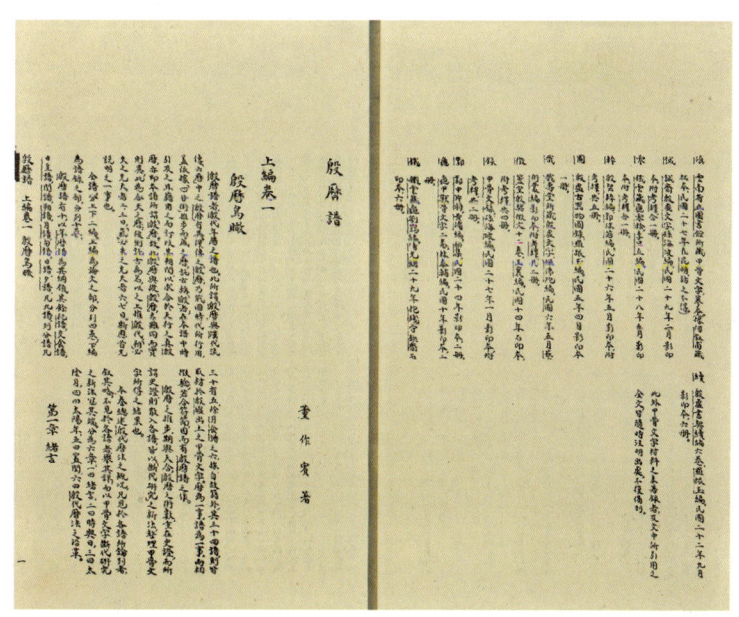

▶《殷历谱》

❝ 学问既需要从小到大，也需要从大到小。胸中无全局，枝节问题也难解决。所以我想，从事古文字研究最好能把材料打通，将甲骨文、金文、战国文字融会贯通，这样才可能更好地解决历史问题。❞

> "中华文明是人类历史上唯一传承八千年没有中断的文明,这个事实本身已充分证明中华文明有着其他文明不可比拟的优秀价值。古人'天人合一'的宇宙观、'顺时施政'的政令观,都强调人类要和谐地融于自然。"

构建新学科，为探索上古宇宙观提供全新思路

冯时用了十年时间（1988—1998）写成了一部《中国天文考古学》。构建学科，是相当有难度的一件事。既要广泛地搜集材料去解决一些基本问题，还要给出学科本身的定义、理论方法和研究规范，并提出它要解决的问题和主要任务，方方面面都得交代清楚。

冯时之所以有信心构建这样一门学科，是因为他意识到，天文学实际是中国文化的本源。中国文化中很多基本的观念和制度，都是古人以对天人关系的理解为背景建立起来的。如果抛开天文，很多东西就探不到源，把不准脉。

中国天文学史的研究具有非常悠久的传统。像《史记》中有《天官书》；历代的正史，如果体例齐全，都有《天文志》。然而，虽然有悠久的研究传统，但多是从文献到文献。随着考古学的发展，学者开始获得更多古人都未见过的崭新材料。

西水坡的考古发现，让冯时开始有机会探讨中国天文学的起源问题。考古材料的日益丰富，使他有机会不断得出新的结论，认识上也不断取得突破。

后来，冯时又完成了一部巨著《文明以止：上古的天文、思想与制度》。

如果说《中国天文考古学》是一个学科建立的开始，那么《文明以止：上古的天文、思想与制度》，则是真正运用天文考古学方法研究中国文化的核心所在。

图书在版编目（CIP）数据

考古学家带你看中国．我们的文明古老到多久 / 冯时著．— 北京：中国经济出版社，2024.10．— ISBN 978-7-5136-7816-2

Ⅰ．K878-49

中国国家版本馆 CIP 数据核字第 2024C7M965 号

审图号：GS 京（2024）1764 号

特邀策划	活字文化 Moveable Type　黄　昕
策划编辑	龚风光　张娟娟
责任编辑	张娟娟
责任印制	马小宾
封面设计	知雨林
内文排版	陈小娟
内文插画	邓　语
营销支持	廖　琛　杨皓捷

出版发行	中国经济出版社
印 刷 者	北京富泰印刷有限责任公司
经 销 者	各地新华书店
开　　本	787mm×1092mm　1/16
印　　张	4.25
字　　数	56 千字
版　　次	2024 年 10 月第 1 版
印　　次	2024 年 10 月第 1 次
定　　价	39.80 元

广告经营许可证　京西工商广字第 8179 号

中国经济出版社　网址 www.economyph.com　社址 北京市东城区安定门外大街 58 号　邮编 100011
本版图书如存在印装质量问题，请与本社销售中心联系调换（联系电话：010-57512564）

版权所有　盗版必究（举报电话：010-57512600）
国家版权局反盗版举报中心（举报电话：12390）　　服务热线：010-57512564